新商务汉语教程

New Business Chinese
Reading and Writing (II)

新商务汉语
阅读与写作教程

赵文筠 编著

（下册）

U0331417

清华大学出版社
北 京

内 容 简 介

本书是一本专门讲授商务汉语阅读与写作知识的语言教科书。阅读材料选自中外作者优秀文章及来华留学生作文。通过阅读与写作的基本训练,使用者应该能够读懂浅显易懂的文艺读物、新闻消息、日常公文信函等;能够借助标题、关键词等对其进行分析;能够熟练掌握汉字笔画、笔顺等基础知识,并具有表述事物清楚、保证语句通顺等写作能力。本书适用于学过3年左右汉语,较为正确地掌握之前所学语法点及功能项的学习者。

图书在版编目(CIP)数据

新商务汉语阅读与写作教程.下册/赵文筠编著.—北京:清华大学出版社,2015(2024.3重印)
(新商务汉语教程)
ISBN 978-7-302-37829-7

Ⅰ.①新… Ⅱ.①赵… Ⅲ.①商务-汉语-阅读教学-对外汉语教学-教材 ②商务-汉语-写作-对外汉语教学-教材 Ⅳ.①H195.4

中国版本图书馆 CIP 数据核字(2014)第 198136 号

责任编辑:纪海虹
封面设计:傅瑞学
责任校对:王凤芝
责任印制:杨 艳

出版发行:清华大学出版社
  网　　址:https://www.tup.com.cn,https://www.wqxuetang.com
  地　　址:北京清华大学学研大厦 A 座　　　邮　　编:100084
  社 总 机:010-83470000　　　　　　　　　邮　　购:010-62786544
  投稿与读者服务:010-62776969,c-service@tup.tsinghua.edu.cn
  质量反馈:010-62772015,zhiliang@tup.tsinghua.edu.cn
印 装 者:涿州市般润文化传播有限公司
经　　销:全国新华书店
开　　本:210mm×285mm　　印　　张:17.75　　字　　数:249 千字
版　　次:2015 年 1 月第 1 版　　　　印　　次:2024 年 3 月第 2 次印刷
定　　价:55.00 元

产品编号:057115-02

编写说明

《新商务汉语阅读与写作教程（下册）》的学习对象是：学过2~3年汉语，熟练掌握汉字2000个左右、词汇近5000个，较为正确地掌握前面所学的语法点和功能项的留学生。

经过听、说、读、写的基本训练，他们应该能够读懂浅显文艺读物、新闻消息、日常公文信函等；能够理解其内容大意，掌握文章要点；能够运用语境标识和汉字汉语知识猜词悟义，厘清叙述性、议论性、说明性文章线索和层次；能够借助标题、关键词、中心句等概括文章段意、主题；能够利用工具书独立清除疑难障碍进行自学。

写作方面，他们应该熟练掌握汉字笔画、笔顺和书写规则，汉字抄写速度为每分钟21~23字，听写语段（句群）的速度为每分钟17~19字；具有记录课堂笔记、讲话要点和摘抄有关资料的能力；具有叙事内容完整、表述事物清楚、语句通顺的写作能力。两节课（100分钟）能够写出750字的命题短文。短文要求为：汉字书写正确率为90%以上，语法正确率为85%以上，标点符号达到基本正确（国家对外汉语教学领导小组办公室编，北京语言大学出版社2002年1月1日出版《高等学校外国留学生汉语言专业教学大纲》（读写部分））。

经过我们课程的训练，他们应该达到：

1. 能够读懂多种题材与体裁的文章，能够把握其内容主题、撷取其信息要点；能够通过上下文、常见词语结构等猜词悟意，把握长句主干和复句内部关系；能够根据标题、关键词、中心句、逻辑标识语、标识符号等，概括文章主题、段意，分清篇章层次；能够初步评述所读文章的社会作用或纰漏；能够利用工具书和阅读技能技巧，具备熟练查找资料、独立释疑解惑、获得新知识的能力。

细读难易适中、含有5%左右非关键性生词的文章，阅读速度为每分钟150～180字，正确理解率为90%左右；速读难度略低于或近似于上述情况的同类文章，阅读速度为每分钟400字，正确理解率为80%左右。

2. 具有记录课堂笔记、讲座和交谈要点的能力；具有写作论点明确、条理清楚、语言通畅的论说文、一般事务文书总结、调查报告的能力；具备独立完成专业报告的能力；两节课（100分钟）能写出1000字，汉字书写正确率为95%以上，语法正确率为95%以上，标点符号使用正确率为95%以上的文章。

3. 初步养成阅读中文，用中文写作的习惯。

现有的教材分成两大部分：基本能力训练与一般实用文体训练。每部分分三个单元，每单元四课。每单元前有本单元的学习内容和重点介绍；单元后有单元练习。单元练习除本单元学习内容外，还包括标点符号练习。

基本能力训练部分按字词训练内容分成一、二、三，三个单元，分别训练学生的阅读速度和猜词能力、构词能力、词汇扩展能力。其中涉及汉字分析和构词法知识。

在第一单元汉字分析部分，我们的重点是会意字和形声字的猜词技巧，这部分内容和大部分中级阅读教材衔接。但语料偏难、偏经贸，且要求比较高，练习的形式也富于变化，目的是避免授课单调枯燥，激发学生浓厚的学习兴趣。这个单元同时进行的写作训练是听述练习——我们给学生讲很短的小故事，让他们听懂；然后看，注意口语到书面语的变化，注意汉语的表达句式，注意段落结构等；最后是写。

在第二单元构词法部分，我们的知识性内容是汉语的构词特点、词汇特点，重点放在并列式构词法词汇的猜词技巧、偏正式构词法词汇的理解上，同时往后面的词汇扩展和写作用词辐射。这个单元我们同时训练学生对长句难句的理解、段落大意的概括、标点符号练习等。写作训练是事理提炼，一般形式为：给一篇意蕴丰富的故事，让学生练习多角度去提炼其说明的道理。本单元难度有梯次变化，词、句、段训练思路明确，但有一定的难度。

在第三单元，我们安排的是词汇扩展练习，它是前两个单元内容——"汉字分析""构词法"的综合强化训练，需要学生完成从"阅读"到"写作"的转变。本单元安排的写作内容是事理文的结构方式知识，事理文的选题、主题的提炼、选材、写作。本单元要求学生完成一篇"两事一理"的事理文写作。

实用文体训练也分置于三个单元中，它们分别是：第四单元总结写作、第五单元调查报告写作和第六单元理论文体写作。

第四单元的总结写作训练是实用文的"基础"部分，在这里我们训练学生的实用文体意识，训练学生形成分条列项的写作习惯，训练学生的语体意识，训练学生的实用文体标准段的写作（用段首提要的形式提炼段意，然后展开），训练学生的过渡转折技巧，训练学生的实用文体的结构安排，即开头结尾的写作方式等。本单元还有一个重要的内容是书面语训练。它着重于纠正留学生写作口语化倾向。学生逃避困难，习惯用最简单的词写作，或者学生在学习过程中对一些词汇完全没有书面语与口语的概念，所以写作口语化明显。

第五单元的调查报告写作，从图表说明开始。我们先从表开始进行文字描述，然后是描述图——饼图、柱图、线段图等，一点一点深入，最后要求是结合相关理论进行分析（也就是会写调查报告和论文的段落写作形式）。调查报告单元的写作任务是通过一系列的选题、确定调查方案、编制调查问卷、调查并写作训练，最后要求完成有着分条列项的组织形式，有着显示调查数据的图表，有其下的分析和分析结果（结论）的调查报告。本单元还有一个训练内容即语段训练。它上承前面的标准段训练，要求学生从逻辑表达的角度为句群或段落排序。

第六单元是理论研究基础训练，即小论文写作或研究成果报告。我们从选题、查资料开始，它偏向理论研究的程序和科学性——从理论框架到理论本身，再到相关政策、代表性观点，最后到数据。我们固定了人口话题，这是从教师积累和时效性两个角度考虑的，而且学生可以从本国情况出发，从比历史、比先进、比同期等多种对比角度去分析问题，形成理论研究的科学意识、数据论述意识、图表表达意识等。这部分我们的目标是让学生学会言之有据地表达自己对某个经济问题的认识。可以是一层观点一层材料，可以是三个层次，从"一"到"（一）"到"1"。这个由学生的水平决定自己的深入程度，但我们要求其阅读从经济原理（相关的）政策、现状、经典理论、时人主张、到支撑观点的数据。最后呈现给我们的是以数据为核心的表达观点的小论文或PPT发言稿。本单元附带的训练是文章摘要（看文章，然后提炼成文章摘要。我们选的文章固定为人口问题，这和后面的写作任务"各国的人口问题表述"相关联，也是前面概括段意练习的扩展，同时也和新HSK写作有相似处）。本单元还有一个比较重要的练习是文章提要和语段综合训练。这部分语段训练内容以关联词语使用为中心，以实用文标准段或功能性段落群为逻辑结构基础的语段综合训练形式。

在整个教学安排和体系化训练中，我们想强调两点。

首先，这门课程是商务汉语阅读与写作，应该把读、写能力和技巧训练作为核心目标，读、写所需要的方法技能成为我们构筑整个教材的基础框架。对教师来说，设置相应的练习，处理好难易梯度、安排好首现和复现并不是最难的。最难的是如何把独立的读与写融合在相关的练习里，让它们构成内容相关、线索明晰、前后贯通的完整体系。在这一点上，我们做了很多努力，但是还一些缺陷，也还有许多待改进之处。对我们的教学对象而言，阅读与写作的重点和难点都不在文体与形式上，而是在语言上，在思想或专业内容上，在技巧与方法上。

　　其次，这门课程是以训练为中心的，需要贯彻对外汉语教学"精讲多练"的原则，切实以学生为中心展开具体的教学活动。教师要根据学生的水平调整讲授难度和事例难度，并决定教材内容的取与舍、练习的难与易。这门课的教学重点是方法和技巧，绝不是单纯的字词学习、知识积累。要让学生通过练习自己形成总结意识，自觉总结和概括在其他课程中学习的知识，提炼成技巧，并形成举一反三的能力。

编者　赵文筠

2014年6月

目录

第六单元　　　　　229

UNIT 1

第一单元

 学习内容：

1. 快速阅读的方法和技巧

2. 猜词的方法——利用汉字分析方法猜词

3. 汉语写作

 学习重点：

1. 利用汉字分析方法猜词

2. 阅读速度的检测

3. 在表达内容确定的基础上，正确及丰富的字、词、句的表达

第一课

一辈子坚持只做一件事的人

文章阅读

一辈子坚持只做一件事的人

有这么一家人，男的是教师，在一所学校教经济学；女的下岗，在街上开了一个**纽扣**店，女儿在一所普通中学读初三。

男的没什么爱好，教学之余，除了到图书馆翻翻经济类杂志，就是到妻子的小店转转。女的也没什么大志，除了卖纽扣，最多再卖些**头饰**、胸花之类的小玩意儿。女儿学习也很一般，没考过不及格，也没有得过一次奖。总之，一家人都是普通人，过的日子也是普通人的日子，平平淡淡、**紧紧巴巴**。

一天，男的告诉女的，他有一个新发现：昨天，他在图书馆看一份杂志，介绍的全是世界上列入五百强的大公司。他发现：他们都是一根筋，只走一条路。女的问什么意思。男的说，举个例子，你卖纽扣，就只卖纽扣，卖所有品种的纽扣，店再大，都不卖别的。女的说：这算什么新发现？不就是开专业店吗？男的说，好像是开专业店，但他搞不清楚的是，为什么成为五百强的都是这些专业店，而不是其他的店。这里面一定有原因。

男的不是个**执著**的人，但自从有了这个新发现后，他从没有放弃研究。他认真查阅了世界第一强——零售业的老大沃尔玛的所有资料。他发现它自始至终只做零售，钱再多都不买地，都不去做房地产。他又查阅了美国通用汽车公司，它是世界第二强，一百多年来，也是只做汽车与配件，资产达到八万亿了，都不去制造飞机与轮船。他还研究了世界首富比尔·盖茨，他发现此人也是一条路走到底，钱再多，都只做软件，其他行业再赚钱都不去做。男的想：是不是**心无旁骛**地做一件事，更容易成为强者？

有了这一认识之后，他有些心动了。一天晚上，他对妻子说，以后再进货，就不要再进头饰、胸花之类的东西了，全进纽扣，有多少品种进多少品种，看看会怎么样。

也许是他发现了天机，也许"从一而终，坚持一条路走到底"这种做法本身就**蕴藏**着天机。总之，自此之后，一家航空母舰式的纽扣店，在这座城市出现了，所有做纽扣批发和销售的人，来到这座城市，都是直奔这家纽扣店而来。他也因此成了"纽扣大王"。

前不久，这位男教师，请我们吃饭，说是女儿要到英国去了，想庆贺一下。我们原以为是他有钱了，送女儿去英国自费留学。吃饭时才知道，不是这样的。他说，女儿成绩差，没有考上大学，但是女儿喜欢英语，于是就聘了老师，专门教女儿英语。在一次外企招聘中，女儿因英语好被聘为翻译。这次去英国，是因为女儿在那儿找了份工作。

坚持登一座山峰的人，一定会到达顶峰。一辈子坚持只做一件事的人，一定会成功，并且会成为一个强者，一个佼佼者。

来源：《小学生作文辅导（作文与阅读版）》2008 年第 12 期　作者：刘燕敏　收入时略有删改

记录一下阅读速度（1140 字）_____ /分钟

（一）判断正误

1. 这家男人下岗后经常去图书馆翻看经济类杂志。　　　　　（对、错）

2. 原来他们家店里卖的都是小商品，生活也不富裕。　　　　（对、错）

3. 男的想：是不是专心地做一件事，更容易成为强者？　　　（对、错）

4. 后来他们家拥有了一家超大规模的专卖纽扣的商店。　　　（对、错）

5. 一辈子坚持只做一件事的人，一定会成为才能出众的人。　（对、错）

理解正确率：_____

（二）请在下列选项中选择正确的解释

1. 女的下岗，在街上开了一个**纽扣**店。

　　A. 书写用的工具　　　　　　　　　　B. 装东西用的容器

C. 电子商品　　　　　　　　　D. 连起衣物的绳带或物件

2. 女的也没什么大志，除了卖纽扣，最多再卖些**头饰**、胸花之类的小玩意儿。

A. 身前的挂件　　　　　　　　B. 装点头发的物品件

C. 帽子上的花边　　　　　　　D. 金银珠宝等财产

3. 总之，一家人都是普通人，过的日子也是普通人的日子，平平淡淡、**紧紧巴巴**。

A. 经济上紧张　　　　　　　　B. 精神上紧张

C. 经济上富足　　　　　　　　D. 精神上满足

4. 男的不是个**执著**的人，但自从有了这个新发现后，他从没有放弃研究。

A. 放弃　　　　B. 舍弃　　　　C. 掌握　　　　D. 坚持

5. 男的想：是不是**心无旁骛**地做一件事，更容易成为强者？

A. 三心二意　　　　　　　　　B. 一心一意

C. 心烦意乱　　　　　　　　　D. 心甘情愿

6. 也许"从一而终，坚持一条路走到底"这种做法本身就**蕴藏**着天机。

A. 隐含　　　　B. 外露　　　　C 显示　　　　D. 代表

（三）请在括号里选择正确的词语填空

1. 女的下岗，在街上开了一个_____（丑扣、扭扣、纽扣）店。

2. 除了卖纽扣，最多再卖些_____（头饰、投饰）以及胸花之类的小玩意儿。

3. 总之，自此之后，一家航空母_____（件、舰、键、岘——指大型军用船只）式的纽扣店，在这座城市出现了。

4. 坚持登一_____（座、坐）山峰的人，一定会到达_____（顶风、鼎丰、顶峰）。

5. 一辈子坚持只做一件事的人，一定会成功，并且会成为一个强者，一个_____（佼佼、娇娇、皎皎）者。

猜词练习（汉字分析）

02

汉语是一种有鲜明特点的语言，汉字是一种表意文字，但同时亦具有一定程度的表音功能。从汉字本身的构造看，汉字是由表义、表音的偏旁（形旁、声旁）和既不表义也不表音的记号组成的文字体系。从汉字的造字方法上看，象形字、形声字、会意字是最常见的。象形字原来多是"画"，在发展过程中变化巨大，现在已经很难通过"形"来猜它的"义"。而形声字和会意字，我们则可以通过汉字分析的方法来猜测它的音与义。在写作中遇到不会写或记不清的汉字时也可以用这种方法来尝试写出正确的。

（一）请划线连接偏旁和它所代表的意义

亻（人）　　　　表示女性事物、特点

女　　　　　　表示眼睛部位名称、动作

扌、手　　　　表示各种心理活动

目　　　　　　表示树木名称、树木部位名称、木器、树木生长、状态等

忄、心　　　　表示人和动作

足　　　　　　表示谷物、和粮食种植相关的行为活动

木　　　　　　表示草本植物、生长性状等

艹　　　　　　表示竹子、竹器（包括乐器）

竹　　　　　　表示脚部名称及其行为等

禾　　　　　　表示手的部位名称和用手进行的动作

（二）请为下划线词选择一个最适当的解释

1. 面对熟悉的一切，想起 20 年前的生活，我感到一丝<u>惆怅</u>，不知道自己该说些什么。

　　A. 熟悉　　　　　　　　　　　B. 伤感、失意

C. 甜蜜 　　　　　　　　　　D. 混乱、迷失

2. 京剧大师梅兰芳虽是男扮女装，但他功底深厚，唱腔优美、举止**妩媚**，为
我们创造了为数众多、姿态各异的古代妇女的形象。

A. 形容女性娇美可爱 　　　　B. 形容人的声音动听

C. 形容人的动作有力 　　　　D. 形容人的表情严肃

3. 天气好的时候，你可以站在玻璃窗前，<u>眺望</u>西山落日。

A. 拍摄 　　　B. 欣赏 　　　C. 等待 　　　D. 远看

4. 看着他心爱的小孙子主动照顾奶奶，老爷爷<u>捋</u>了一下胡子，笑着点了点头。

A. 用工具修剪 　　　　　　　B. 照镜子查看

C. 用梳子梳理 　　　　　　　D. 用手指抚过

5. 他年纪不大，却脚步<u>蹒跚</u>，不知是怎么回事。

A. 走路缓慢、摇摆的样子 　　B. 老年人衰老的样子

C. 紧张、着急的样子 　　　　D. 年轻人有朝气的样子

6. 通常来说小女孩都会很喜欢布娃娃和毛绒玩具，所以小时候过生日，女孩
收到最多的礼物就是各种大眼睛、小嘴巴，漂亮可爱的<u>玩偶</u>。

A. 美丽的风景 　　　　　　　B. 漂亮的图片

C. 人形的玩具 　　　　　　　D. 头戴的饰品

7. 香软的荔浦芋头、清甜的四塘马蹄、甜润的沙田柚、味道纯正的永福罗汉
果……这些在年货市场上的桂林特产，多到一<u>箩筐</u>也装不下。

A. 竹篾编的容器 　　　　　　B. 木制的桶

C. 塑料制成的盆 　　　　　　D. 土烧成的陶器

8. 栽种<u>秧苗</u>，是初夏乡村里最美妙的风景：人们一边劳作，一边歌唱，那些
口口相传的插秧歌充满着丰收的渴望，也洋溢着劳作的快乐。

A. 美味的蔬菜 　　　　　　　B. 幼小的鱼

C. 美妙的歌曲 　　　　　　　D. 水稻的幼株

9. 古人把<u>桑梓</u>比作故乡，对它们表示敬意。这是因为桑梓是：

　　A. 故乡的美丽景色　　　　　　　B. 故乡的山水

　　C. 故乡父母种的两种树　　　　　D. 故乡的土地

10. 我们沿着河岸步行，走到那河流的拐弯处，看见一个小小的<u>茅屋</u>孤零零地立在那里。

　　A. 木制的房屋　　　　　　　　　B. 草盖的房屋

　　C. 高大的房屋　　　　　　　　　D. 孤立的房屋

（三）检查自己的选择，是否符合汉字形声字的造字规律，并试着猜一下它们的读音

写作练习——听述
03

1. 请听第一遍故事，填写故事中的人物、时间、地点（没有请不填）

人物、角色：

时间、地点：

2. 请听第二遍故事，用动词记录故事发生的简单过程

开始：	
经过：	
结果：	

3. 请看故事的文字形式，注意其中的书面语表达方式、词汇与句式

_____

_____

_____

_____

4. 写作

_____

_____

_____

_____

_____

_____

UNIT 1

第一单元

 学习内容：

1. 快速阅读的方法和技巧

2. 猜词的方法——利用汉字分析方法猜词

3. 汉语写作

 学习重点：

1. 利用汉字分析方法猜词

2. 阅读速度的检测

3. 在表达内容确定的基础上，正确及丰富的字、词、句的表达

第二课

沉默的大多数

01

文章阅读

沉默的大多数

　　我哥当年是个**摇滚**迷。他有满满一抽屉的摇滚磁带，一把栗红色的吉他。有一年暑假他从市里回来时，穿一件黑色文化衫，上面印着一个外国人头像，戴贝雷帽，表情严肃。我们觉得真难看，可我哥天天穿着它，舍不得脱下来洗。那时的他，又高又瘦，微驼着背，一脸深刻痛苦的表情，真是酷啊。

　　据说摇滚代表人类的愤怒。我哥是有理由愤怒的。我哥学习十分刻苦，他的台灯，从来都是半夜12点灭，又在早晨5点钟亮起，眼睛一睁就开始背书。我哥这样苦读，高考分数也只够上市里的技校。我妈说，我儿子考不上大学，我不怪他，他尽力了。

　　我哥毕业后进了一家国企。没几年，被一家大型外企收购，24小时机器不歇，人不歇，三班**倒**。外企墙上贴着标语：如果你不能奉献智慧，那么请你奉献汗水。

　　我一度以为，我哥从晚上10点到凌晨6点，在操作台前是坐着的。去年有次闲聊，他笑道，哪里能够坐着呢？是站着的。他那样平淡的语气，好像这么站一夜，年复一年的，是一件再平常不过的事。

　　这个工作我哥干了八年。房贷一月月地还，快还完了；侄女成绩优秀，一解我哥当年苦读之憾……所以当我哥兴奋地宣布他准备**跳槽**的时候，我们都一致表示支持。

　　事情缘于过年时的一次同学聚会。有个当年成绩差得一塌糊涂的同学**发迹**了，在讲了一遍自己传奇的奋斗史后，他捏着酒杯搂着我哥肩膀说："到我这来吧！"我哥当了真，年后就辞职了。

醉话怎么可以当真呢？事实上对于没有特长的我哥来说，不那么容易安排岗位。

我哥在其后半年里，基本闲在家里。我们一开始想，到哪里都会有一碗饭吃，但他找了几个工作都没做长久。突然没了收入，积蓄一点点掏空了，我哥家里天天鸡飞狗跳，侄女考试也发挥失常……总之，烦心的事**层出不穷**，直到我哥终于找到一个稳定的工作。

这个工作薪水微薄却很清闲，干两天休一天。我们都很知足：哥哥累了这些年，也能轻松一下了；收入虽少，但我和弟弟收入尚可，可以经常**贴补**他一些。

端午节全家团聚。饭毕，我们兄妹几个在小院里闲聊，这样安慰哥哥。

夜色里，看不清我哥的脸。他本就**寡言**，近来话更少了。只看见他低着头，站在葡萄架下，烟头一明一灭。

端午一过，天就热起来了。走在树荫下也觉热浪袭人。

城市大搞建设，路边正在挖天然气管道。几个戴黄色头盔的工人在施工，半天的工夫，已挖了一大堆泥，高高地堆到路边。我踮着脚在泥土堆边走，突然看见积着水的管道里，那个又高又瘦，长筒靴踩在黄泥浆里，眼镜顺着汗水快滑到鼻尖的工人，不是我哥吗？算算正好是他的休息日。我没有喊他，嗓子像被堵上了。阳光这样白亮灼人，眼前一片模糊……

我哥从小到大，一直很努力，不偷懒，不贪心，很呆板，很笨拙。生活于他而言，从来没有一点偷闲取巧的可能。

这样的人，在这世上占了沉默的大多数。现实**乏善可陈**，幸而有人间乐趣种种。有人**嗜烟**，哪怕一包"红梅"；有人好酒，哪怕一瓶"二锅头"；有人打牌可以不眠不休。这些都是快乐，真实的快乐。而我哥，在埋头苦干之外，何以解忧？说来奢侈，仍是他那一抽屉听旧了的磁带，他那把已经磨破的老吉他。他仍然酷爱的切·格瓦拉，睁着一双倔强的眼睛，据说那里面有一种东西叫坚韧。

人的坚韧，是一丛野花，在瓦砾里也能骄傲地**绽放**。

来源：2012年7月11日《北京青年报》　作者：周伶俐　收入时略有删改

网文链接：http://www.chinawriter.com.cn/bk/2012-07-24/65413.html

记录一下阅读速度（1286字）_____/分钟

（一）判断正误

1. 哥哥年轻的时候很酷。　　　　　　　　　　　　　　　　（对、错）

2. 哥哥大学毕业后进入了一家工厂工作。　　　　　　　　　（对、错）

3. 哥哥辞职是因为受到了同学到他那里工作的邀请。　　　　（对、错）

4. 辞职后哥哥经历了很多不如意，直到找到一份建筑工人的工作。（对、错）

5. 看见大热天挖天然气管道的哥哥，"我"哭了。　　　　　　（对、错）

理解正确率：_____

（二）请根据上下文和汉字分析的方法在下列选项中选择正确的解释

1. 我哥当年是个**摇滚**迷。

　　A. 一种运动方式　　　　　　　　　B. 一种音乐形式

　　C. 一种游戏方式　　　　　　　　　D. 一种乐器

2. 24小时机器不歇，人不歇，三班**倒**。

　　A. 轮换　　　　　B. 摔倒　　　　　C. 相反　　　　　D. 休息

3. 当我哥兴奋地宣布他准备**跳槽**的时候，我们都一致表示支持。

　　A. 退休　　　　　B. 创业　　　　　C. 找工作　　　　D. 换工作

4. 有个当年成绩差得一塌糊涂的同学**发迹**了。

　　A. 变得有钱有势　　　　　　　　　B. 发生严重问题

　　C. 发现某种迹象　　　　　　　　　D. 发展到某个阶段

5. 突然没了收入，积蓄一点点掏空了，我哥家里天天鸡飞狗跳，侄女考试也发挥失常……总之，烦心的事**层出不穷**。

　　A. 屈指可数　　B. 难得一见　　C. 接连不断　　D. 有始有终

6. 哥哥收入虽少，但我和弟弟收入尚可，可以经常**贴补**他一些。

    A. 性格上温柔体贴   B. 经济上给予帮助

    C. 工作上给予支持   D. 情感上提供依靠

7. 夜色里，看不清我哥的脸。他本就**寡言**，近来话更少了。

    A. 说话不多   B. 说话很多

    C. 说话小心   D. 说话谨慎

8. 现实**乏善可陈**，幸而有人间乐趣种种。

    A. 丰富多彩   B. 变化多端

    C. 缺少可说的优点   D. 缺少良好的道德

9. 有人**嗜**烟，哪怕一包"红梅"；有人好酒，哪怕一瓶"二锅头"；有人打牌可以不眠不休。

    A. 吸   B. 爱   C. 抽   D. 怕

10. 人的坚韧，是一**丛**野花，在瓦砾里也能骄傲地**绽放**。

    A. 裂开   B. 生长   C. 闭合   D. 扩张

（三）请在括号里选择正确的词语填空

1. 据说摇滚代表人类的 _____（愤努、喷怒、愤怒）。

2. 我哥学习十分刻苦,他的台灯,从来都是半夜12点灭,又在早晨5点钟亮起,眼睛一 _____（睁、挣、争）就开始背书。

3. _____（房货、房贷、房袋——是指银行向借款人发放的用于购买自用普通住房的钱。）一月月地还，快还完了。

4. 端午一过,天就热起来了。走在树 _____（荫、瘾、隐）下也觉热浪袭人。

5. 几个 _____（带、戴、代）黄色头盔的工人在施工，半天的工夫，已挖了一大堆泥。

6. 我 _____（惦、跍、掂）着脚在泥土堆边走，突然看见积着水的管道里，那个又高又瘦，长筒靴 _____（菜、踩、睬）在黄泥浆里，眼镜顺着汗水快滑到鼻尖的工人，不是我哥吗？

7.我没有喊他，_____（操子、嗓子、檫子）（指咽喉）像被堵上了。

8.人的坚韧，是一丛野花，在瓦砾里也能骄傲地 _____（绽 zhàn、淀 diàn）放。

（四）检查自己的选择，是否符合汉字形声字的造字规律，并试着猜一下它们的读音或意思

猜词练习（汉字分析）

02

（一）请看下面的汉字，说出它们的偏旁分别是什么，并指出它们表示什么意思

喝 _____

炒 _____

猫 _____

病 _____

线 _____

远 _____

评 _____

腿 _____

珠 _____

舰 _____

（二）请为下列划线词语选择正确的答案

1. 因为<u>小臂</u>受了伤，她不得不退出了比赛。

　　A. 比赛时

　　B. 不小心

　　C. 一种激烈的运动项目

　　D. 肘和手腕之间的部分

2. 那种最受<u>唾</u>骂的软件，本身并没有过错，存在过错的是推广他们的公司。为了提高该软件的下载量，他们不择手段，随其他软件强行安装且不能删除。

　　A. 生气　　　　B. 吐口水　　　　C. 伤心　　　　D. 痛快

3. 其实，先<u>煸</u>葱姜等调料还是先<u>煸</u>肉都不关键，关键的是中间不能加水。

　　A. 用刀切　　　B. 用水洗　　　C. 用调料拌　　　D. 用油炒

4. 生活中我们常常会听到某些人发表的<u>谬论</u>，认为：环境污染是经济发展阶段不可避免的。

　　A. 影响很大的文章　　　　　　B. 极其错误的言论

　　C. 科学研究的成果　　　　　　D. 某种负面的消息

5. <u>玛瑙</u>的颜色很美，可以制成各种首饰。

　　A. 一种首饰　　　　　　　　　B. 一种玉石

　　C. 一种颜色　　　　　　　　　D. 一种衣料

6. "朝辞白帝彩云间，千里江陵一日还。两岸<u>猿</u>声啼不住，轻舟已过万重山。"这是唐代诗仙李白途经壮丽险峻的三峡时留下的千古名句。

　　A. 唱歌　　　　　　　　　　　B. 一群孩子

　　C. 各种鸟　　　　　　　　　　D. 像猴子的动物

7. 网络游戏展销会上，各大厂商风格<u>迥异</u>的展台让人大开眼界。

　　A. 有同有异　　B. 略有不同　　C. 相差很远　　D. 比较接近

8. 儿子的<u>瘫痪</u>给这个原本就不富裕的家庭带来了更大的压力。

　　A. 消费方式　　　　　　　　　B. 高昂的学费

　　C. 一种疾病　　　　　　　　D. 下岗失业

9. 园林工作人员通过GPS定位测绘,将香山的每棵古树都建立了<u>经纬度</u>坐标。

　　A. 关于树种的介绍　　　　　　B. 介绍树龄的标牌

　　C. 显示周边温度的器具　　　　D. 标注地球位置的横竖线

10. 他打算乘一只小<u>舢板</u>从长江源头漂流到入海口。

　　A. 一只充气的气球　　　　　　B. 一只运货用的浮桶

　　C. 一种无动力的飞机　　　　　D. 一种用桨划的小船

 写作练习——听述

　　1. 请听第一遍故事,填写故事中的人物、时间、地点(没有请不填)

时间、地点、人物(角色):
涉及的量词:

　　2. 请听第二遍故事,用动词记录故事发生的简单过程

开始:
经过:
结果:(面面相觑)

3. 请看故事的文字形式，注意其中的书面语表达方式、词汇与句式

_____

_____

_____

_____

_____

4. 写作

_____

_____

_____

_____

_____

_____

_____

_____

_____

UNIT 1

第一单元

 学习内容：

1. 快速阅读的方法和技巧
2. 猜词的方法——利用汉字分析方法猜词
3. 汉语写作

 学习重点：

1. 利用汉字分析方法猜词
2. 阅读速度的检测
3. 在表达内容确定的基础上，正确及丰富的字、词、句的表达

第三课

做那条逆流而上的鱼

 文章阅读

做那条逆流而上的鱼

对于大多数人而言，从学校毕业是令人兴奋的一天——多年的寒窗苦读终于结束了。可对于我来说却不是这样。

还记得两年前的那个周末，我的家里人和朋友们从全国各地来到了我们的学校，看着我们全班人从毕业典礼台前依次走了过去。可正如同班里其他人一样，我眼里看到的是在大学最后一年里，我的经济状况从糟糕变成了更糟。我们毕业时拿到了学位证书，前景却非常**渺茫**。不计其数的求职申请都似泥牛入海，我知道，明天的我将不再有一个称作"家"的地方。

接下来的是难熬的几个星期，我把不能随身携带的东西都收拾好，找地方存放起来，因为我知道这座小小的大学城不会有任何机会，只好开车去了加利福尼亚南部地区去找工作。

我以为在那里不出一个星期就可以得到求职回复，可求职申请填好后，一拖就是两个星期，直至四个星期，我发现自己又像往常一样陷入了无尽的等待之中。而在这时，我需要偿还助学贷款的日期一天天地临近了。

你体会过当你在早上醒来，心里因为恐惧而茫然无措时的感觉吗？恐惧那些你无法把握的事情——你对一件事情满怀希望，而又害怕所得到的不过是一场噩梦。在那段时间，这种感觉占据了我生活的全部。几天感觉就像是几个星期，几个星期感觉就像是几个月，那几个月给我的感觉就像是一个没有尽头的**深渊**一样。而给我打击最深的是无论我怎样努力，好像都无法让生活有丝毫的改变。

怎样才能让自己的大脑不至于被逼疯呢？我决定用笔记录。把自己的一些想法记在一页纸上，这让每一件事看起来更清晰一点，也更光明一点。这样的书写好像也给了我希望，当你已经走到了**穷途末路**时，心里有一点点希望本身就是你

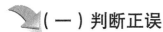

所需要的全部！

后来，我干脆把自己受挫的经历写成了一本童话书，书名叫《逆流而上》，书中的主人公是一条无论遇到任何困难都不会放弃自己梦想的小鱼。

有一天，我收到了一份我的第一本书的出版合同！从那以后，我的境遇渐渐有了一点起色。不久后，我又收到了第二本书的出版合同。几个月后，我应约去迪士尼公司进行面试，公司不久就聘用了我。**蜷缩**在自己的车里，打开罐头，喝着里面凉汤的昨天，终于成了过去。

我讲自己的故事就是要告诉你——永远不要放弃，也许逆境正是你成就自己的一个好机会。即使事情暂时看起来暗无天日，也不要放弃。我以前没有任何的文学学历，也从没接触过写作，如果没有那段艰苦时间所受的磨难，我成不了今天的作家。

有时候梦想只是在上游不远处等待着你，我们所要做的不过就是鼓足勇气，超越逆流游过去，迎接你的便会是成功。

来源：《现代青年（细节版）》2012 年第 10 期　作者：阿莱克斯·米勒，编译：孙开元　收入时略有删改

记录一下阅读速度（1010 字左右）_____／分钟

（一）判断正误

1. 作者毕业的时候感到前途渺茫。　　　　　　　　　　　　　　（对、错）

2. 作者毕业时发了许多求职申请但都没有得到回复。　　　　　　（对、错）

3. 作者在大学所在的小城里花了一个星期找工作。　　　　　　　（对、错）

4. 作者的求职申请最后有了回音，他进入了迪士尼公司工作。　　（对、错）

5. 文章告诉我们，逆流而上，不放弃梦想，我们才能成功。　　　（对、错）

（二）请在下列选项中选择正确的解释

1. 做那条**逆流**而上的鱼。

　A. 顺着水流　　　　　　　　　　　　B. 迎着水流

C. 浮在水流上   D. 潜在水流中

2. 我们毕业时拿到了学位证书，前景却非常**渺茫**。

    A. 美妙   B. 鲜明   C. 光明   D. 模糊

3. 那几个月给我的感觉就像是一个没有尽头的**深渊**一样。

    A. 深不可测的大坑，比喻面前的危险

    B. 没有阳光的地方，比喻黑暗

    C. 深不见底的水潭，比喻艰难的处境

    D. 没有尽头的日子，比喻无聊

4. 当你已经走到了**穷途末路**时，心里有一点点希望本身就是你所需要的全部！

    A. 路尽头，最后的路，形容到了无路可走的地步

    B. 路尽头，最后的路，形容到了即将胜利的阶段

    C. 贫困、没有钱，形容处在生活艰难的困境里

    D. 贫困，没有钱，形容没有生活来源和家人的资助

5. **蜷缩**在自己的车里，打开罐头，喝着里面凉汤的昨天，终于成了过去。

    A. 削减、节约开支   B. 节俭、简单地生活

    C. 紧张地居住   D. 弯曲、收紧肢体

（三）请在下划线上填写正确的词语

1. 我眼里看到的是在大学最后一年里，我的经济 _____（状况、壮况、装框、妆况）从糟糕变成了更糟。

2. 接下来的是难熬的几个星期，我把不能随身_____（携戴、携带、鞋带）的东西都收拾好……

3. 我以为在那里不出一个星期就可以得到求职回复，可求职申请填好后，一_____（拖、托、脱）就是两个星期，直至四个星期。

4. 我需要 _____（常、尝、偿）还助学 _____（带宽、贷款、袋款）

的日期一天天地临近了。

5. 你体会过当你在早上醒来，心里因为_____（孔距、恐惧、恐据）而
茫然无措时的感觉吗？

猜词练习（汉字分析）
02

（一）请根据下面的汉字猜猜这些偏旁表示的意思

冫：冷 冰 冻 凉 寒——_____

页：颈 领 须 顶 顾——_____

阝：陆 险 防 阻 陷——_____

贝：财 资 费 贸 贵——_____

衤：袋 裙 衫 裤 被——_____

礻：神 福 祸 祝 祭——_____

虫：蜜蜂 蚊子 蚂蚁 蛇 蟑螂——_____

（二）请为下列划线词语选择正确的解释

1. 尽管现在已经秋风凛冽，但是超短裙依然风行，依然是北京时尚女性的
首选。

  A. 寒冷   B. 风沙大   C. 秋装   D. 风声大

2. 他前额的这个大包是去工地时不小心撞的。

  A. 脚背   B. 身体前面   C. 手臂   D. 眉毛上方

3. 在激烈竞争的商业社会，赊销已成为许多企业获得订单的竞争手段之一，
但它如同一把双刃剑，虽然可以扩大企业的销售额，但也增加了潜在的风险。

A. 延期付款的购买方式　　　　　B. 竞争的激烈程度

C. 一种两边都有刃的剑　　　　　D. 控制风险的手段

4. 蝎子虽然有毒，却是名贵的中药，所以很多村民开始养蝎子。

A. 一种鸟　　　B. 一种虫子　　　C. 一种鱼　　　D. 一种植物

5. 这里地势险要，是历代王朝设防之地，也是古丝绸之路必经关隘和东西交流的要道。

A. 险要的关口

B. 山顶的房屋

C. 车马的通道

D. 行船的河道

6. 亚洲银行业务活动的主导思想是，向本地区的发展中国家提供贷款和技术援助，促进本地区经济发展和合作。

A. 借款人跟银行签的合同

B. 银行借钱给借款人

C. 先进国家的技术、设备

D. 与亚洲银行的经济合作

7. 母亲去世的时候，他还是一个襁褓中的孩子，他是由父亲一手带大的。

A. 婴儿睡的有护栏的床

B. 包裹婴儿用的带子和被子

C. 婴儿睡的摇篮

D. 医院放早产儿的保温箱

8. 我们常常会听到人们在危险时或痛苦时呼喊"上帝"。这是我们自然的天性。人生来就有求助的本能，我们所发出的喊声，就是一种本能的祈祷方式。

A. 减少痛苦的行为　　　　　　　B. 逃避危险的方式

C. 一种求助的本能　　　　　　　D. 向神求福的仪式

9. 由于历史的原因，在我国的北部居住着一群中俄的后裔。他们大都居住在恩和、三和、室韦、临江屯这几个边陲小镇上。

  A. 边境的   B. 贫穷的

  C. 江边的   D. 美丽的

10. 中秋前夜，一群少女少男身穿汉服，相约在西安的大雁塔下，以传统方
  式祭祀月神，迎接中秋佳节的到来。

  A. 按传统方式观看

  B. 以传统方式邀请

  C. 敬神祭祖的宗教仪式

  D. 汉族古装的样式

写作练习——听述
03

1. 请看下面的图片，并简述图片显示的人物、物件

2. 请听故事

  （1）按照"农夫、驴、邻居"的线索记忆故事内容。

  （2）结合图片，指出故事涉及的"井""铲子""土（泥土）"分别是指
    什么。

3. 请简单描述：

　　驴怎么了，中间有什么曲折，最后有什么结果？

　　农夫做了什么？为什么那么做？

　　邻居为什么来了？他们做了什么？

4. 请看《农夫与毛驴》文字，注意其中书面语的表达方式，分段的形式

5. 请同学口述故事，老师记录并完成《农夫与毛驴》的写作，注意故事的发展与主语的变换，注意句子扩展的形式，语序，词语与汉字的选择及书写的正确

作业

请按下列偏旁顺序分别去查字典。

要求：

◆ 用在线字典（《在线新华字典》或《汉典》），按部首检字法查，在较熟悉的字中选择常用的、构词能力强的汉字

◆ 从"详细解释"开始，看这个字的本义，再看"基本解释"，选择目前还与偏旁信息一致的汉字

1. 有"口"的字常常有下面几种情况：（1）象声词和语气词；（2）和言语相关的事物、动作；（3）吃、喝、呼、吸等用口进行的动作。请分别举 5 个例子说明。

　　（1）象声词和语气词

　　（2）和言语相关的事物、动作

　　（3）吃、喝、呼、吸等用口进行的动作

2. 有"火""灬"的字常常表示和火有关的动作。请①分别举 5 个例子说明；②写出这个字的本义。

　　（1）火

　　（2）灬

3.有"辶"的字常常有下面几种情况：（1）表示距离；（2）表示速度，（3）表示用脚进行的动作。请①分别举例说明；②写出这个字的本义。

（1）表距离（3~5个）

（2）表速度（3~5个）

（3）表用脚进行的动作（5个以上）

4.有"贝"的字常常表示：（1）和财物有关的事物的名称；（2）表示和财物有关的动作、活动。请分别举5个例子说明。

（1）和财物有关的事物的名称

（2）表示和财物有关的动作、活动

5.有"阝"常常表示土山、地势高低、地貌等。请①分别举例说明；②写出这个字的本义。

6.有"日"的字常常表示时间、日照、明暗等。请分别举例说明。

（1）时间（5个以上）

（2）与太阳有关的活动、性状（5个以上）

（3）光线强弱（3~5个）

7.有"纟、糸"的字常表示：（1）丝状物质；（2）与丝状物质有关的动作或状态。请分别举例说明。

（1）丝状物质（5个以上）

（2）与丝状物质有关的动作、状态（5个以上）

UNIT 1

第一单元

 学习内容：

1. 快速阅读的方法和技巧

2. 猜词的方法——利用汉字分析方法猜词

3. 汉语写作

 学习重点：

1. 利用汉字分析方法猜词

2. 阅读速度的检测

3. 在表达内容确定的基础上，正确及丰富的字、词、句的表达

第四课

风物长宜放眼量

文章阅读

风物长宜放眼量

从前，两位同村的青年被同一列列车拉进同一所军营。新兵训练结束后，他们一起被分到连队当卫生员，又一起考上军医大学。大学期间，他们在同一个班，学习成绩**不分伯仲**。然而，大学毕业后，他们此前雷同的人生轨迹**戛然而止**，两人命运出现了巨大反差。

青年甲被分配至边防哨所，当了一名军医。那里**人迹罕至**，想买一本书，要翻山越岭几十公里才能到达最近的一家书店。与此同时，青年乙正如鱼得水地游刃于大城市的大医院里，身边医学名家云集，随时都可以接触到最前沿的专业理论。

两位原本处于同一起跑线的青年，彼此的境遇不经意间已是**霄壤**之别。

两年中，他们彼此偶有通信。突然有一天，青年甲写信说："我接到命令，要奔赴前线。"青年乙回信："我接到录取通知书，要到北京读研了。"

在炮声隆隆的前线，青年甲在野战医院负责救治伤员，在一次次血与火、生与死的考验中，他的应急救治能力得到快速提升，他也懂得了珍惜，练就了坚韧。而忙于花前月下的青年乙，此刻却经历了人生的第一次挫折——他考试多科没过。谁也想不到，两人各自命运的转变，在这一刻埋下了**伏笔**。

从前线归来，青年甲被分配至一所小医院工作，虽然条件简陋，但他非常知足。他开始如饥似渴地"充电"，拼命想补回曾经耽误的时光。他的勤奋与踏实得到院领导的认可，一步步走上科室领导的岗位。之后，他决定考研。虽然曾两次名落孙山，但是一想到那些牺牲的战友，他便咬着牙坚持了下来。

从35岁那年起，青年甲的命运迎来了柳暗花明：考研通过，科研成果丰硕，免试直读博士。博士论文答辩会上，他清晰的思路与前瞻的眼光，赢得了一名评委的**青睐**。这名评委，正是青年乙的科主任。

也正是 35 岁那年，青年乙的好运似乎走到了头：考博失败，科研成绩垫底，手术不慎引起医疗纠纷。此前顺风顺水的他再也经不住这一连串的打击，自暴自弃起来。有一天，科主任当着全科同事的面隆重介绍一位新成员——青年甲，青年乙目瞪口呆。

青年甲如今已人到中年，成了著名的心胸外科专家，并接任了科主任一职。

在我们失落迷茫、抱怨时运**不济**的日子里，青年甲这样对我们说："人生好比一条长长的路，命运之神会为每条路都设置一些障碍，只不过有的设在路前端，有的设在路后端，没有必要羡慕那些开局一帆风顺的人，生活中每一件事都是大事，关键是用心走好当下的每一步。"他又说："把人生拉长看，就会发现命运总体是公平的，所以不要在逆境的时候悲观绝望，前面也许就是**一马平川**；也不要在顺境的时候得意忘形，前面也许**暗礁**密布。"

把人生拉长看，这是青年甲的人生智慧，也指引着我们走出心灵困境。

来源：《幸福（悦读）》2011 年第 10 期　作者：朱晖　收入时略有删改

记录一下阅读速度（1050 字左右）＿＿＿＿＿ / 分钟

（一）判断正误

1. 青年甲和青年乙大学毕业前有着相同的人生轨迹。　　　　（对、错）

2. 青年甲是从大城市的医院开始工作的。　　　　　　　　　（对、错）

3. 青年乙在前线救治伤员的时候，青年甲接到了研究生录取通知书。

（对、错）

4. 从 35 岁那年起，青年甲开始好运连连。　　　　　　　　（对、错）

5. 青年甲认为，人生最重要的是用心走好当下的每一步。　　（对、错）

6. 本文是想告诉我们：把人生拉长看，就会发现命运总体是公平的。

（对、错）

（二）请在下列选项中选择正确的解释

1. 大学期间，他们在同一个班，学习成绩**不分伯仲**。

A. 优异　　　　B. 不理想　　　　C. 相近　　　　D. 相差悬殊

2. 大学毕业后，他们此前雷同的人生轨迹**戛然而止**，两人命运出现了巨大反差。

A. 相同　　　　B. 停止　　　　C. 继续　　　　D. 重叠

3. 青年甲被分配至边防哨所，当了一名军医。那里**人迹罕至**。

A. 危险　　　　B. 贫困　　　　C. 偏僻　　　　D. 寒冷

4. 两位原本处于同一起跑线的青年，彼此的境遇不经意间已是**霄壤**之别。

A. 天地　　　　B. 彩云　　　　C. 泥土　　　　D. 高空

5. 谁也想不到，两人各自命运的转变，在这一刻埋下了**伏笔**。

A. 预示情节发展的写作线索

B. 显示文章的写作目的

C. 表示发生了明显的改变

D. 展示转变命运的力量

6. 博士论文答辩会上，他清晰的思路与前瞻的眼光，赢得了一名评委的**青睐**。

A. 好评　　　　B. 重视　　　　C. 称赞　　　　D. 理解

7. 在我们失落迷茫、抱怨时运**不济**的日子里，青年甲这样对我们说……

A. 不相连　　　　B. 不周到　　　　C. 不帮助　　　　D. 不顺利

8. 不要在逆境的时候悲观绝望，前面也许就是**一马平川**……

A. 平坦的大道　　　　　　B. 宽阔的水面

C. 悲惨的处境　　　　　　D. 理想的工作

9. ……也不要在顺境的时候得意忘形，前面也许**暗礁**密布。

A. 黑色的乌云　　　　　　B. 潜在的障碍

C. 人生的逆境　　　　　　D. 潜在的机会

（三）请在下划线上填写正确的词语

1. 那里人迹罕至，想买一本书，要翻山越 _____（玲、龄、岭）几十公里才能到达最近的一家书店。

2. 两位原本处于同一起跑线的青年，彼此的 _____（境遇、境域、竟与）不经意间已是霄壤之别。

3. 他开始如饥 _____（思渴、似渴、似刻）地"充电"，拼命想补回曾经耽误的时光。

4. 博士论文答 _____（辨、辩）会上，他清晰的思路与前瞻的眼光，赢得了一名评委的青睐。

5. 青年乙的好运似乎走到了头：考博失败，科研成绩垫底，手术不慎引起医疗 _____（纠纷、究氛）。

猜词练习（汉字分析）

02

会意字：用两个或几个部件合成一个字，把这些部件的意义合成新字的意义，这种造字方法叫会意。用会意这种方法造的字就是会意字。会意字有同体会意字和异体会意字两类。前者如：从、森等；后者如：艳、尘等。掌握了会意字这种造字方法，在今后的阅读中，就有可能根据一个字的各个部件猜出这个字的意思，提高阅读水平。

（一）请看下面的汉字，说出这些字由几部分构成，是什么意思？有什么特点？

众 _____

休 _____

咩 _____

卡 _____

分 _____

男 _____

泪 _____

好 _____

笔 _____

（二）请为下列划线词语选择正确的解释，并写出理由

1. 第一次参加面试，我忐忑不安，不知道自己该穿什么衣服，化妆还是不化妆，也不知道主考人会问我什么问题，自己怎么准备。

   A. 伤心痛苦　　　B. 激动　　　　　C. 心神不定　　　D. 高兴

   理由：_____

2. 面包太硬了，我掰不开。

   A. 用牙咬　　　　B. 用嘴啃　　　　C. 用手折　　　　D. 用刀切

   理由：_____

3. 降雪的一个好处是，能使浮游在空气中的尘土，细菌随着雪花沉落地面，从而净化空气。

   A. 小飞虫　　　　B. 小水滴　　　　C. 看不见的气体　D. 小小的土

   理由：_____

4. 在江南水乡，即便是一些有钱有势的人死了，也不会被埋葬，而是被焚化。

   埋葬：

   A. 放在水中　　　B. 放在地上　　　C. 放在土里　　　D. 放在草丛中

理由：_____

焚化：

    A. 绑在树上   B. 用水洗净   C. 放入林中   D. 用火烧尽

理由：_____

5. 吃完早饭，父亲来到集市上<u>粜</u>米，然后买了些东西就回家了。

    A. 卖米   B. 买米   C. 卖菜   D. 卖树

理由：_____

6. 老人的健康状况与生活水平有一定关系，生活<u>宽裕</u>的老人身体健康的比例较高。

    A. 紧张   B. 贫困   C. 富有   D. 节省

理由：_____

7. 许多国家的法律以及联合国的文件都对组织<u>囚犯</u>从事生产劳动提出了明确的要求。

    A. 关在牢房中的罪人   B. 关在房子中的动物

    C. 失去劳动能力的人   D. 没有受过教育的人

理由：_____

写作练习——听述

03

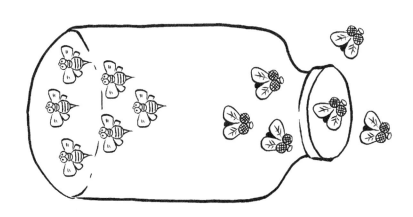

1. 请听第一遍故事，填写故事中的人物、时间、地点（没有请不填）

人物、角色：

工具、物品：

2. 请听第二遍故事，用动词记录故事发生的简单过程

开始：

经过：

结果：

3. 写作

_____

_____

_____

_____

_____

_____

_____

 作业

翻看其他课程的教材，查找其中的会意字，并写出 10 个以上。

_____

一、划线连接偏旁部首和它们的表示的意义

日　　　　　表示和发酵相关的事物、过程、状态等

氵　　　　　表示食品名称、与食物有关的食物、感觉、动作等

酉　　　　　表示时间的各类名称以及与太阳有关的事物、活动、状态等

土　　　　　表示各种与刀相关的事物、动作、状态

饣　　　　　表示与水有关的事物、现象、状态、动作等

皿　　　　　表示和石头有关的事物以及和石头有关的动作、性状

雨　　　　　表示和土、土地有关的事物、动作、性状

山　　　　　表示和器皿有关的事物以及和器皿有关的动作、性状

石　　　　　表示山的形貌、与山有关的事物、性状

刂、刀　　　表示各类天文气象、自然现象

二、请用汉字分析的方法为下列下划线词选择正确答案

1. "烟台老窖"是以优质高粱为原料，继承传统<u>酿造</u>工艺，结合现代化技术，精制而成的纯粮食酒。

　　A. 高级工艺　　　　　　　B. 发酵制造

　　C. 传统方法　　　　　　　D. 现代技术

2. 三岁以下的小男孩<u>剃</u>头时常常会害怕得哭起来。

　　A. 用热水洗　　　　　　　B. 用梳子梳理

　　C. 用手抚摸　　　　　　　D. 用特制的刀刮

3. 每年 6 月北京地区进入<u>汛</u>期，但实际上，北京的降水多集中在 7、8 月份。

    A. 河流涨水　　　　　　　　　　B. 初夏季节

    C. 特别时期　　　　　　　　　　D. 大风天气

4. 离开北京之前，朋友特地在友谊餐厅为我们<u>饯行</u>。

    A. 为朋友提供出行车辆　　　　　B. 与朋友一起聊天喝酒

    C. 准备饭菜为亲友送行　　　　　D. 用丰盛的饭菜款待来宾

5. 现代的年轻人都不愿意在家请客，买菜做饭已经很累了，客人走了，那些<u>盆盏碗碟</u>的还要收拾，非常麻烦。

    A. 各种水果　　　　　　　　　　B. 各种蔬菜

    C. 各种家具　　　　　　　　　　D. 各种器皿

6. 在晚霞的<u>映照</u>下，故宫的红墙绿瓦显得十分美丽。

    A. 一种自然天象　　　　　　　　B. 强烈的光线

    C. 日光或光线照射　　　　　　　D. 浓烈的色彩

7. 天越来越黑，越来越低，风越来越大，在当头一声<u>霹雳</u>炸响中雨哗啦倾倒下来，周围一片灰暗。

    A. 暴雨　　　　　B. 烈火　　　　　C. 大风　　　　　D. 响雷

8. 几年前，这里还是<u>坟墓</u>遍地的地方，现在已是高楼林立了。

    A. 埋死人的坑和土堆　　　　　　B. 鲜花树木

    C. 牲畜、野兽等动物　　　　　　D. 传统四合院

9. 1992 年他进入创作的<u>巅峰</u>时期，一年中完成了一部长篇（小说）和两个中篇。

    A. 指某个季节　　　　　　　　　B. 指深渊、比喻最低

    C. 指文学创作　　　　　　　　　D. 指山顶，比喻最高

10. 现代人经常混用<u>碑碣</u>的名称，但在古代它们是两种不同的刻石：一种是长方形的，一种是圆首形的或形在方圆之间的。

    A. 古代的物品、文物　　　　　　B. 现代的发明物

    C. 刻有文字的石料　　　　　　　D. 纪念逝者的标牌

三、请看下列汉字，并指出这些偏旁所表达的意义

1. **宁**：本作"寍"。从宀（mián），从心，从皿。表示住在屋里有饭吃就安心了。

宇：屋檐，泛指房屋。

宅：住所，房子。

宏：大。本义：屋子宽大而深。

宽：横的距离大。本义：房屋宽敞。

宣：本义：帝王的宫殿。

宝：寶。甲骨文字形，像房子里有贝和玉，表示家里藏有珍宝。

"宀"表示：＿＿＿＿＿＿＿＿＿＿＿＿＿＿＿＿＿＿＿＿＿＿＿

其他常用字：家、宗（祖庙）、宫、室、灾、守、定、宴、容（容纳、收留）、宿（过夜）、害（言从家起——灾害）、寝、寂、富……

2. **庞**：本义：高屋。

廣（广）：本义：宽大的房屋。

府：本义：古时国家收藏文书或财物的地方。

庭：本义：厅堂。

库：藏文书或物的地方。

序：堂屋的东西墙。

废：本义：房子倾倒。

廉：本义：厅堂的侧边。

"广"表示：＿＿＿＿＿＿＿＿＿＿＿＿＿＿＿＿＿＿＿＿＿＿＿

其他常用字：店、庄、廊、床、庙、座、廓、底……

3. **帐**：用布或其他材料等做成的遮蔽用的东西，如帐子、蚊帐。

帕：包头或擦手、脸用的布或绸。

帖：写在布帛上的文书。

帜：本义：旗帜的通称。

幅：布匹的宽度。

带：本义：大带，束衣的腰带。

幣（币）：本义：古人用作礼物的丝织品。

"巾"表示：_____

其他常用字：帆、带、帐、布、幕、帘、帽、帮（鞋的边缘部分）……

4. 径：步行小路。

循：沿着、顺着（走）。

征：本义：到很远的地方去，远行。

很：本义：违逆，不听从。

後（后）：行路迟缓。本义：迟到，走在后。

徐：慢慢行走。

徒：步行。

從（从）：甲骨文字形，象二人相从形。本义：随行，跟随。

微：本义：隐行，隐秘地行走。

"彳"表示：_____

其他常用字：行、彷徨、徘徊、往……

四、利用偏旁或者从它构词的情况试着猜下列汉字最初的意思

醒：　　　　　　　　　　　酗：

别：　　　　　　　　　　　副：

利：　　　　　　　　　　　刚：

经：　　　　　　　　　　　纬：

朝：　　　　　　　　　　　暑：

颗：　　　　　　　　　　　顾：

本：　　　　　　　　　　　末：

苦：　　　　　　　　　　　帮：

五、标点符号练习——逗号（, ）、句号（。）、顿号（、）

　　常见标点符号用法并不复杂。用错、标错常常是因为没有厘清句子中句子成分和它们之间的关系，没有理解句子表达的完整意思，没有理解词语表达的意思等。

　　句子是表达一个完整意思的语言单位，一般包括两部分：一部分是句子里说的"谁"或"什么"（主语部分）；另一部分是句子里说的"是什么""怎么样"或"做什么"（谓语部分）。主要句子成分是主语、谓语和宾语，其他句子成分是定语、状语和补语。

　　句号"。"：陈述句末尾的停顿、语气舒缓的祈使句末尾用句号。完整的句子末，还用"！""？"表示感叹和疑问。

　　逗号"，"：逗号表示的是句子中的停顿。主语与谓语之间的停顿——如：我们看得见的星星，绝大多数是恒星；动词与宾语之间的停顿——如：应该看到，科学需要一个人贡献出毕生的精力；状语后边的停顿——如：对于这个城市，他并不陌生。复句内各分句之间的停顿，除了有时要用分号外，都要用逗号。

　　顿号"、"：句子内部并列词语（包括词组）之间的停顿，用顿号。例如：亚马逊河、尼罗河、密西西比河和长江是世界四大河流。

　　汉字是一种非常优美和充满魅力的文字＿＿＿＿＿它不仅是世界上最古老的文字＿＿＿＿＿也是世界上唯一一种几千年来一直保持着完整体系＿＿＿＿＿延续不断的文字＿＿＿＿＿与世界上普遍使用的拼音文字相比＿＿＿＿＿汉字的确难认＿＿＿＿＿难学＿＿＿＿＿难写＿＿＿＿＿这给我们学习汉语增加了很多困难＿＿＿＿＿但是＿＿＿＿＿学好汉字是完全有可能的＿＿＿＿＿因为汉字虽然很多＿＿＿＿＿但我们今天常用的只有三千多个＿＿＿＿＿而且大多数汉字都可以按照几种有限的造字方法去分析＿＿＿＿＿有很强的规律性＿＿＿＿＿如果我们掌握了这些规律＿＿＿＿＿对我们认识和理解汉字会有很大的帮助＿＿＿＿＿

六、阅读

（一）用 心 倾 听

李先生，是一个在广东经营出口加工厂的老板，工厂加公司有五六百名员工，在当地的私企中规模也算是不小的。不管是在业务上或是在管理上，李先生的能力和水平均为人称道，颇有威信。可是，他就是管不好自己的儿子，每次一见儿子的面，没讲上三句话，就被儿子气得又是拍桌又是摔门，弄得家里鸡飞狗跳。

这天，因为儿子晚归再度引发了父子大战，就在双方吵得面红耳赤之际，儿子突然住了口，然后一字一句地说："爸，您能不能把我刚刚说的那句话重复一遍？""啊？！"李先生一愣，根本没想到儿子会提这样的要求。

"你说……你说……作父亲的太能干，当然看不起儿子。"

"不对！您再想想看，我是这么说的吗？"

"臭小子！那你怎么说的？"

"您看！从头到尾，我说什么您都没听，那些话是您自己想出来的，我可没那么说。我们不是要沟通吗？那么，我说什么，您重复一次给我听，再轮到您说，我来重复。"

"喂！哪有那么多时间重复来重复去！你是真的想气死我啊！"

"爸！我们就试试看吧！否则这种争吵不会有结果，您再想一想我到底是怎么说的？"李先生想一想，终于承认，"我真的想不起来，你再说一遍吧。"

"好吧！我说'父亲很能干，儿子一方面很佩服，一方面怕自己跟不上，心里多少有点压力。'"

李先生冷静一想，觉得他说的合情合理，自己怎么会那么激动？结果，这天晚上，他们父子俩竟然长谈了两个小时而没有吵架，这个效果连李先生也没想到。

……

第二天公司要开一个重要的采购会议，讨论的是未来所要购买的价值一千万元的机器，到底要用美国货好、还是日本货好。按照采购部的报价，日本制的价格便宜，质量也不差，可是工程师却主张买美国货。会场上，李先生让总工程师发表意见，这是一种表面上的礼貌，总工程师知道：老板做久了的人，过于自信，什么事情早就有决定了。经验告诉他，老板问他只是个形式，谁不想省钱？因此他无精打采，说了不到五分钟就说完了。

若是往常，李老板总是会在这个时候开始长篇大论地申明自己的观点，享受那种权威感，今天竟然是……

"总工程师，我来重复你的要点，你看我说的跟你的意思是不是一样：日本制的机器，价格虽然便宜，东西也不错，可是将来如果出了毛病，要他们来做售后服务，问题就来了。因为语言问题我们无法直接跟他们沟通，找来的翻译对精密仪器又是外行，机器坏在哪里，我们无法充分了解，下次再发生一样的问题，还是要请他们的人来，说不定还会耽误生产时间，如此算下来，还是买美国货相对便宜！"

随着李老板的重复说明，总工程师眼睛渐渐亮了起来，他打起精神，再次补充，就这么你一言我一语的，大家滔滔不绝地讨论了起来……

试着理解对方是解决问题根本态度。很多时候，当我们站在对方的立场上时，我们会发现也许我们之间的误解多源自我们自己的错误想象。

来源：《文学与人生》2005年第21期　　作者：王敏　收入时略有删改

判断正误

1. 李先生是一个很有能力的老板。　　　　　　　　　　　　　　　　（对、错）

2. 家里的鸡和狗都很怕李先生，看见他就吓得乱跳。　　　　　　　（对、错）

3. 李先生的儿子很成问题，不尊重父亲，经常让父亲生气。　　　　（对、错）

4. 在公司的采购会议上，李先生像跟儿子谈话一样，重复了总工程师的观点，取得了很好的效果。　　　　　　　　　　　　　　　　（对、错）

5. 如果想解决问题，就应该好好理解对方的想法。　　　　　　　　（对、错）

（二）机会"醒"了

远在澳洲教中文的 Kiki 最近在邮件里说，有了 3 年做对外汉语老师的经历之后，她最近得到了好几个绝好的机会，都是她曾经梦寐以求的。以前资历太浅，她只有站在人家门口流口水的份儿。但是现在，当她努力克服一切困难坚持做到第三年的时候，各种机会像睡醒了一样，排着队来找她了。

她跟我说，一个工作，无论行业开放性有多大，无论你的工作地点在哪里，都有无处不在的可能性。所以，亲爱的，不管是岔路还是阳关道，认认真真走下去很重要。

认认真真坚持一件事当然是很难的，特别是遇见困难的时候。比如我自己。

我从实习到正式工作，从事公关行业已经整整 5 年了，中间不可能一直都那么顺利，也曾信誓旦旦，决心不干了，太累了。那阵子，我每天作报告做到恶心。有一次连着写了好几个新闻稿，到最后对着电脑屏幕恶心得直想吐。每天都要面对高强度的压力，加班到很晚。

可是每当有一点小小的进步，比如这个会写了，那个也会做了，认识了好多如果不上班就不会认识的人，看到行业里很牛的前辈作出来的漂亮案例，还是会慢慢说服自己，坚持一下，再坚持一下，就这么放弃真的很可惜。偶尔我会帮朋友出主意、想方案，或者写个什么东西，总会得到对方的赞赏，夸我很专业、很标准。每到这种时候，我便会念公司的好。虽然我很辛苦、很难过，压力大得睡不着觉，但仔细想想，这几年的专业训练把我从一个什么都不管不顾、乱穿衣服、乱说话的野孩子，训练成一个做事有边有角，说话有模有样的职场人。

求职的时候我投了三个简历，百发百中，接连拿 offer，最后挨个跳槽。我在第一家公司画表格、打电话两个月；在第二家公司画表格、打电话、做 PPT 5 个月。我以为以我 7 个月的跨国公司经历来第三家公司，能有什么高级点的事儿干，结果却发现我干什么都不扎实。同事一起吃饭都不知道该说什么，永远闷着头沉默地吃；和媒体谈合作不知道说什么，永远瞪着眼睛听；出去吵个架都抓不住重点，吵着吵着就忘了论据是什么了，丝毫没有逻辑性。

只有一切从头开始，才能让我自卑的小心脏踏实一点点。所以我又画表格、做 PPT，6 个月之后才宣告扎实地转正入职，开始做项目。

当我开始有能力延伸到更多更广更深的地方时，我看到了自己越来越多的不足，也便有了越来越强烈的学习欲望。我喜欢这种谦卑的感觉，下意识地让自己从容地走到更远的地方，抓住更多的机会，触碰到更多无处不在的可能性。日子长了，坚持地久了，自然而然地能做出一些特色和擅长的东西来，所以机会便无处不在了。

来源：《思维与智慧》2013 年第 24 期　作者：赵星　收入时略有删改

判断正误

1. Kiki 是一个幸运的人，她每次都能找到很好的工作。　　　　（对、错）

2. "我"很难认认真真坚持做好每一件事。　　　　（对、错）

3. 几年的专业训练把"我"训练成一个很好的职场人。　　　　（对、错）

4. "我"曾经有过三次辞职的经历。　　　　（对、错）

5. 机会总是留给那些能够坚持和努力的人。　　　　（对、错）

作业

（一）请翻字典看一下"广""米""钅""气""子""田""车""身""牜""马""穴""邑（右"阝"）""骨""弓""方""力"等常表示什么。

（二）复习本单元汉字分析练习中出现的猜字方法、偏旁和它显示的含义。

（三）根据前面各课学习的偏旁部首填写下表，要求是构词能力强的常用汉字，如：

偏旁	偏旁表示的意思	例　字
亻	常表示人体动作、和人有关的事物、品性等。	偶、仙、儒、仆人、伴侣；伸、做、作、仰、伏、休、伴、化（教行、转变人心）、付（持物对人）、保（负子于背—养—保养—养育）、倚靠；傲、伺、偏（不正）、伟大、假（装）、伶俐（聪明、机灵）、信（诚实）、倔（固执）、俊、傻、倦、健

下册

表1：

偏旁	偏旁表示的意思	例　字
亻		
女		
心 忄		
目		

表2：

偏旁	偏旁表示的意思	例　字
扌 手		
足		
木		
艹		
竹		
禾		
口		
火 灬		
犭		

续表

偏旁	偏旁表示的意思	例　字
疒		
纟		
辶		

表3：

偏旁	偏旁表示的意思	例　字
讠		
月		
王		
舟		
冫		
页		
阝		
贝		
衤		
礻		
虫		
日		

表4：

偏旁	偏旁表示的意思	例　字
土		
雨		
酉		
米		
钅		
气		
鸟		
米		
子		
车		
马		
身		

表5：

偏旁	偏旁表示的意思	例　字
牛		
穴		
骨		
弓		

续表

偏旁	偏旁表示的意思	例　字
方		
力		

（四）请你在上述汉字选择你最喜欢的汉字（或你觉得最有意思的汉字，给你印象最深的汉字，你重新"认识"的汉字……）给同学讲讲

附1：听述材料

课 前 测 试

以前有个生物学家，他做了一个实验：他将一群跳蚤放入实验用的大玻璃杯里，随后盖上一片透明玻璃，他发现跳蚤依旧像先前那样跳，于是很多跳蚤都撞上了盖着的玻璃，不断的发出叮叮咚咚的声音。过了一阵子，生物学家将玻璃片拿开，发现所有的跳蚤依然在跳，只是都已将跳的高度调至接近玻璃片的下方，以避免撞到头。结果，竟然没有一只跳出来。

后来生物学家在试验杯下，放了一个酒精灯并且点上了火。不到五分钟，杯子烧热了，所有的跳蚤自然发挥求生的本能，再也不管头是否会撞痛，全部都跳出杯子以外。

一

有一天，动物园管理员们发现袋鼠从笼子里跑出来了，于是开会讨论，一致认为是笼子的高度过低所致。所以他们决定将笼子的高度由原来的十米加高到二十米。结果第二天他们发现袋鼠还是跑到外面来了，所以他们又决定再将高度加高到三十米。没想到结果还是一样，于是决定继续加高笼子的高度……

一天长颈鹿和几只袋鼠们在闲聊。"你们看，这些人会不会继续加高你们的笼子？"长颈鹿问。"很难说"，袋鼠说，"如果他们继续忘记关门的话！"

二

从前，一所房子里面有一只大猫，他抓住了很多偷东西的老鼠。

一天，老鼠在一起开会商量如何对付他们的敌人——猫。会上大家各有各的主张，最后，一只小老鼠站出来说他有一个好主意。

"我们可以在猫的脖子上绑一个铃铛，如果他来到附近，我们就可以听到铃声并马上逃走了。"

大家都赞同这个建议。这时一只聪明的老耗子站出来说："这的确是个绝妙的主意，但是谁来给猫的脖子上系铃铛呢？"老鼠们面面相觑，谁都没有说话。

三

有一天某个农夫的一头毛驴，不小心掉进一口枯井里。农夫绞尽脑汁想要救出毛驴，但几个小时过去了，毛驴还在井里痛苦地哀嚎着。最后，这位农夫决定放弃。他想：这头驴子年纪大了，不值得费这么大劲儿去把它救出来。不过无论如何，这口井还是得填起来，以解除毛驴的痛苦。于是农夫便请来左邻右舍帮忙，一起将井中的驴子埋掉。农夫的邻居们人手一把铲子，开始将泥土铲进枯井中。

当这头毛驴了解到自己的处境时，刚开始哭得很凄惨。但出人意料的是，一会儿之后这头毛驴就安静下来了。农夫好奇地探头往井底一看，出现在眼前的景象令他大吃一惊：当铲进井里的泥土落在驴子的背部时，驴子的反应令人称奇——它将泥土抖落在一旁，然后站到铲进的泥土堆上面！就这样，驴子将大家铲倒在它身上的泥土全数抖落在井底，然后再站上去。很快地，这只驴子便接近了井口，然后在众人惊讶的表情中快步地跑走了。

四

如果你把六只蜜蜂和同样多只苍蝇装进一个玻璃瓶中，然后将瓶子平放，让瓶底朝着窗户，会发生什么情况？

你会看到，蜜蜂不停地想在瓶底上找到出口，一直到它们力竭倒毙或饿死；而苍蝇则会在两分钟之内，穿过另一端的瓶颈逃逸一空。

事实上，正是由于蜜蜂对光亮的喜爱，由于它们的智力，蜜蜂才会死。蜜蜂以为，出口必然在光线最明亮的地方。它们不停地重复着这种合乎逻辑的行动。对蜜蜂来说，玻璃是一种超自然之物，它们在自然界中从没遇到过这种不可穿透的物质；而它们的智力越高，这种奇怪的障碍就越显得无法接受和不可理解。

那些愚蠢的苍蝇则对事物的逻辑毫不留意，全然不顾亮光的吸引，四下乱飞，结果误打误撞顺利地找到了出口，并因此获得自由和新生。

附2：现代汉字中表义性能较高的形符总表

1. **"忄""心"**：常表示与思维或心理有关的现象、活动、状态。如：恨、想、悟、悔、虑等。

2. **"氵""水"**：常常表示与水有关的事物、现象、状态、动作等。如：汗、湖、浆、泉、深、渴、清、流、滑、涌、沏等。

3. **"火""灬"**：常常表示与火有关的动作、事物、状态等。如：点、烧、烤、煎、煮、蒸、炖；炉、灶、灯；热、烫、焦、烂、炎等。

4. **"扌""手"**：常表示与手有关的部位和动作等。如：指、掌、折、拌、捻、抓等。

5. **"目"**：常常表示眼睛的部位、感觉、动作和状态。如：眉、眸、睫、眼睛、睑；瞧、看、瞪、眺、瞻、睹等。

6. **"疒"**：常常表示疾病的种类或与疾病有关的感觉等。如：癌症、痨病、疾、疮、痘、痔、瘫、疯、痴；痛、痒、瘦、疤痕、疗等。

7. **"木"**：常常表示木本植物的种类及与它有关的状态、部位、形状等。如：杨、柳、榆、桃；本、根、枝、梢；枯、荣等。

8. **"艹"**：常表示草本植物，状态，气味，草制品。如：菜、芹、菠；芽、茂、苗、茬、荒；苦，芳、芬等。

9. **"雨"**：常常表示与雨水等有关的天气现象、自然现象。如：雪、霜、雷、霞、霁、霜、雾、雹、震、霉等。

10."饣":常表示食品名称、与食物有关的食物、感觉、动作等。如:饼、饺、饭、餐、饵、饲、饥、饿、饱、饮、饪等。

11."贝":表示和财物有关的人、物:贩、财、货、账、赃、资;动作、活动:购、贷、赈、赊、赌、赎、赚、赠等。

12."日":表示时间的各类名称:早晨、昏、晌、暂、暇、晓、曙光、暮、旦;与太阳有关的事务、活动、性状:映、晒、照、晚、晴、晾、暖、晦、暗、明、暄、晃等。

13."气":表示各种气体:氮、氛、氦、氯、氢、氨、氧;相关的事物、状态:氤氲(yīnyūn 气和光混动貌)、氛等。

14."皿":表示和容器有关的事物:盂、盏、盘、盒、盆;和容器有关的动作、性状:盖、盛、盥(guàn)、盈、益(溢)等。

15."王":常表示玉或其他宝石类的物和装饰品。如:珍、珠、玛瑙、璞、宝、珊瑚等。

16."山":常表示山的形貌、与山有关的事物、性状。如:崎岖、峭、岛、岸、崩、崖、峰、岭、岗、屿、峦、岔、巅等。

17."石":常表示和石头有关的事物:岩、础、矿、砖、砂、碘、磐、碑、码;表示和石头有关的动作、性状:砍、砸、破、砌、碎、研、磨、确、碍等。

18."衤""衣":常表示与布、衣服有关的事物:袋、裳、衫、衬、裘、装、衰、衷、袭、褒、袂、袖、袍、裙、被褥、袜、裤、袄、表、襟;与布、衣服有关的动作、性状:裹、补、褪、裕、裸等。

19."纟""糸":常表示丝状物质:纤、维、纱、经、纬、线、纸、丝绸、组、缆、绪;与丝状物质有关的物品、动作或状态:编、绣、绘、结、绑、织、纺、紧、素、纯、练、终、绝、细、绕、继续、缘、缚、缰、缩、缝;颜色:红、绿、紫、绛等。

20."足":常表示腿脚的部位名称、活动、行为等。如:跟、趾、跨、跃、跳、跑……

21."**虫**""**豸**""**犭**"：常常表示各种动物的名称、动作和性状。如：蝇、蜘蛛、蚂蚁、蟑螂、蚊、蜻蜓、猫、狗、狮、狼、豹、狠、狡猾、猖獗、猛、狩猎、猜等。

22."**讠**""**言**"：常表示和语言有关的事物、动作等。如：语言、谬论、口谕、声誉、论调、誓言、谎言、谚语、谜、辩、诉说、讲、评、谴、诽谤、证明、讥讽、问讯、讨、训斥、读、警、议论等。

23."**月**"：常表示和月光有关的景色（朦胧）、时间（期）；人体的器官、部位、状态：肝、肺、肾、胳膊、腿、腰、背、胖、肥等。

24."**页**"：常表示头部部位名称和与头有关的动作。如：颐、额、颌、项、顶，顾、顿、顶等。

25."**辶**"：常表示行走、道路、距离、速度等。如：迈、追、迁、道、途、迅、速、远、近、迥、辽等。

26."**土**"：常表示和土、土地有关的事物、动作、性状。如：地、场、坝、坛、坑、城；埋、堆、堵、垒、垮、塌、培；坎、坷、坦等。

27."**示**""**礻**"：常常表示宗教活动或与宗教、祭祀活动相关的事物、行为、福运等。如：神、社、祖、祸、祈、祝、福、祺、祥、祭、禁、崇等

28."**刂**"：常表示和刀有关的事物、动作。如：剑、刀、剪、切、列（分开）、别（分解）、判—剖（分开）、制（裁断、切割）、副（判也。量词：成对的）刺、剔、剥、削、劈、分、划、刻、割、利等。＊到，至意刀声。

29."**人**"：常表示人体动作、和人有关的事物、品性等（但很多已经看不出联系）。如：偶、仙、儒、俗（人之习也）、仆人、侏儒、伴侣、佛、侨；伸、倒（下）、候、做、作、仰、伏、休、伴、化（教行、转变人心）、付（持物对人）、保（负子于背—养—保养—养育）、倚靠；傲、伺、侃（刚直）、偏（不正）、伟大、假（装）、伶俐（聪明、机灵）、俏、信（诚实）、倔（固执）俊、傻、倦、健（康）等。

30."**鸟**"：各种鸟、飞禽。

31. "米"：常表示和米有关的物品和状态。如：粮、粱、精、粗、粉、粹、粒、糟粕、糖、糜等。

32. "钅"：常表示金属的种类和事物。如：铜、铝、钢、铁、钱等。

33. "冫"（冻也，水凝状）：表示和冷相关的事物、状态等。如：冰、凇、凝、冻、凉、冷、凛冽、寒等。＊冲原字为沖、决原字为決，减原字为減、净原字为淨；准是準的简化字，都不和"冫"相关。

34. "禾"：表示谷物、和粮食种植相关的行为活动。如：（庄）稼、秧、种、稻、香等。

35. "口"：常表示和言语、吃喝相关的事物、动作以及各种象声词、语气词等。如：嘴、吻、叮嘱、吩咐、叮咚等。

36. "囗"：常表示四面有围墙的地方或围绕四面进行的动作、活动等。如：园、圃、围、圈、囚、囹圄等。

37. "舟"：常表示和船有关系的事物、动作。如：船、舱、舢、航等。

38. "广"：常表示和高大宽敞的房屋有关的事物、动作及状态。如：府、库、庙、廊、废、庞、廣（广）等。

UNIT 2

第二单元

 学习内容：

1. 阅读部分
   字词：猜词的方法——根据构词法猜词
   句：长句的理解方法，难句的标识与理解
   段落：事理的提炼与概括
   文：阅读
2. 写作部分
   事理文中的事理关系
   事理文中理的提炼与深化

 学习重点：

1. 汉语的构词法与利用构词法猜词
2. 长句、难句的理解
3. 概括段落、短文的主要内容或主要观点的方法
4. 事理提炼

第五课

美国地铁里的实验

美国地铁里的实验

2007 年一个寒冷的上午，在华盛顿特区的一个地铁站里，一位男子用一把小提琴**演奏**了 6 首巴赫的作品，共演奏了 45 分钟左右。他前面的地上，放着一顶**帽檐儿**朝上的帽子。显然，这是一位街头卖艺人。

没有人知道，这位在地铁里卖艺的小提琴手，是约夏·贝尔，世界上最伟大的音乐家之一。他演奏的是一首世上最复杂的作品，用的是一把价值 350 万美元的小提琴。

在约夏·贝尔演奏的 45 分钟里，大约有 2000 人从这个地铁站经过。

大约 3 分钟之后，一位显然是有音乐修养的中年男子，他知道演奏者是一位音乐家，放慢了脚步，甚至停了几秒钟听了一下，然后急匆匆地继续赶路了。

大约 4 分钟之后，约夏·贝尔收到了他的第一块美元。一位女士把这块钱扔到帽子里，她没有停留，继续往前走。

6 分钟时，一位小伙子**倚靠**在墙上倾听他演奏，然后看看手表，就又开始往前走。

10 分钟时，一位 3 岁的小男孩停了下来，但他妈妈使劲拉扯着他匆匆忙忙地离去。小男孩停下来又看了一眼小提琴手，但他妈妈使劲地推他，小男孩只好继续往前走，但不停地回头看。其他几个小孩子也是这样，但他们的父母全都硬拉着自己的孩子快速离开。

到了 45 分钟时，只有 6 个人停下来听了一会儿。大约有 20 人给了钱就继续以平常的步伐离开。约夏·贝尔总共收到了 32 美元。

要知道，两天前，约夏·贝尔在波士顿一家剧院演出，所有门票售罄，而要坐在剧院里**聆听**他演奏同样的那些乐曲，平均得花 200 美元。

其实，约夏·贝尔在地铁里的演奏，是《华盛顿邮报》主办的关于感知、品味和人的优先选择的社会实验的一部分。

实验结束后，《华盛顿邮报》提出了几个问题：一、在一个普通的环境下，在一个不适当的时间内，我们能够感知到美吗？二、如果能够感知到的话，我们会停下来欣赏吗？三、我们会在意想不到的情况下认可天才吗？

最后，实验者得出的结论是：当世界上最好的音乐家，用世上最美的乐器来演奏世上最优秀的音乐时，如果我们连停留一会儿倾听都做不到的话，那么，在我们匆匆而过的人生中，我们又错过了多少其他东西呢？

来源：2011 年 04 月 16 日《羊城晚报》 作者：（美国）埃莉·布劳恩·哈利   编译：陈荣生、何来   收入时略有删改

网文链接：http://news.ifeng.com/gundong/detail_2011_04/16/5785317_0.shtml

（一）请快速阅读文章并选择正确答案

1. 约夏·贝尔是：

　　A. 街头卖艺人　　　　　　　　B. 华盛顿特区的居民

　　C. 钢琴演奏家　　　　　　　　D. 伟大的音乐家

2. 关于放在地上的帽子：

　　A. 是地铁站里卖艺人的　　　　B. 是帽顶朝下放在地面上的

　　C. 价值 350 万美元　　　　　　D. 里面装了很多钱

3. 第一位停下来听约夏·贝尔演奏的是：

　　A. 一位女士　　　　　　　　　B. 一个中年男性

　　C. 一个小孩　　　　　　　　　D. 一个妈妈

4. "所有门票售罄"中"售罄"的意思是：

　　A. 很贵　　　　B. 很便宜　　　　C. 卖光了　　　　D. 出售

5. 这个实验要告诉我们的是：

　　A. 在不适当的时间、地点，也有人能够感受到美

B. 伟大的作品、出色的技巧、昂贵的乐器、伟大的音乐家需要懂音乐的
人欣赏

C. 感知美到欣赏美还有很明显的一段距离

D. 在匆匆而过的人生中，我们会错过很多美好的事物

（二）请试着猜一下上文加黑词语的意思，并简述你采用的方法

1. 演奏：＿＿＿＿＿＿＿＿＿＿＿＿＿＿＿＿＿＿＿＿＿＿＿＿＿＿＿

2. 帽檐儿：＿＿＿＿＿＿＿＿＿＿＿＿＿＿＿＿＿＿＿＿＿＿＿＿＿

3. 倚靠：＿＿＿＿＿＿＿＿＿＿＿＿＿＿＿＿＿＿＿＿＿＿＿＿＿＿＿

4. 聆听：＿＿＿＿＿＿＿＿＿＿＿＿＿＿＿＿＿＿＿＿＿＿＿＿＿＿＿

根据构词法猜测划线的词的意思
02

　　现代汉语词汇中，合成词占了绝大多数。所谓"合成词"是由两个或两个以上的语素（最小的意义单位，多数是单个汉字）按照一定的关系组合成词。语素的组合关系大体可以分为：联合式（如：海洋、满足、根本）、偏正式（如：戏言、路灯）、动宾式（如：关心、汇款、失业）、动补式（如：改良、提升、打断）、主谓式（如：自治、心疼、国营）几类。我们可以利用合成词的构词特点，猜测它的意思，并结合上下文（语境）进一步确定它的意思。其中联合式合成词是最适宜猜词的构词方式，因为它的语素是按照同义组合或反义组合的方式构成的，比如：江河、海洋、广大、遥远都是同义组合，而兄弟、买卖、异同则是反义组合。它们组合成词语后，意义可能与语素义相同相近，也可能有所变化，意义缩小、扩大或转移。这类合成词数量最多，我们可以利用其中某个语素的意思来推断另一个陌生语素和整个词语的意思，或区分某个汉字不同的语素义。

1. 无论是伟大的人还是平凡的人，一生中都会有<u>过错</u>，及时纠正就可以恢复人生的良态。

（　　　　　　　　　　　　　　　　　　　　　　　　　　　　　　　）

2. 偶尔做错了什么，也是常有的。要懂得原谅自己，善待自己的<u>过失</u>。

（　　　　　　　　　　　　　　　　　　　　　　　　　　　　　　　）

扩展：请指出下列词语的意思

　　　<u>将功补过、知过必改、文过饰非</u>

3. 市场研究公司在本周三的发布的最新调<u>查</u>显示：<u>低劣</u>的客户服务不仅影响了企业产品的销售，而且还导致了人们对生产商的不信任。

（　　　　　　　　　　　　　　　　　　　　　　　　　　　　　　　）

4. 买马的时候，有经验的人经过简单的观察就可以判断马的骨体<u>强劣</u>。

（　　　　　　　　　　　　　　　　　　　　　　　　　　　　　　　）

5. 大米的硬度主要是由蛋白质含量决定的，米的硬度越大，蛋白质含量和透明度越高。这是大米质量<u>优劣</u>的主要识别方法。

（　　　　　　　　　　　　　　　　　　　　　　　　　　　　　　　）

扩展：请指出下列词语的意思

　　　<u>恶劣天气、处于劣势、劣质商品、优胜劣汰、劣币驱逐良币</u>

6. 小心！别在网上随意下载网络游戏，木马病毒可能就<u>隐藏</u>在下载游戏中。

（　　　　　　　　　　　　　　　　　　　　　　　　　　　　　　　）

7. 我就是这样，一般心里怎么想，嘴里就怎么说，一点儿也不<u>隐讳</u>自己的观点。

（　　　　　　　　　　　　　　　　　　　　　　　　　　　　　　　）

8. 民政部和相关部门去年下发了一个文件，要求将灾害死亡人数如实公开。国务院也一再强调，对灾害死亡人数不许<u>隐瞒</u>。

（　　　　　　　　　　　　　　　　　　　　　　　　　　　　　　　）

扩展：请指出下列词语的意思

　　　<u>隐形眼镜、隐私、隐身、隐没、隐患</u>

9. 减肥霜中的有效物质可以作用于皮下脂肪组织，<u>直接分解聚积</u>的脂肪，排除滞留在体内的水分，使人变得苗条。

（　　　　　　　　　　　　　　　　　　　　　　　）

10. 他省吃俭用大半辈子，<u>积攒</u>的钱全部捐给了农村希望小学。

（　　　　　　　　　　　　　　　　　　　　　　　）

扩展：请指出下列词语的意思

<u>积蓄、累积、日积月累、积土成山、沉积</u>

句子理解

　　在阅读的中高级阶段，形成阅读障碍的多是长句和难句。很多时候我们读懂了所有的词，但却不能完全理解句子的意思，所以我们要采取一些针对性的措施来应对。

　　长句的理解相对比较简单，采用压缩句子抓主干的方法即可。也就是说，我们分析句子，只看它的主谓宾即可，忽略掉其中的某些附加成分，如复杂的定语、状语、补语。

　　难句的情况比较复杂，我们往往要根据它的标识来推测句子的含义，这里的标识可能是复句的关联词语（比较难的），可能是后置表目的、目标的连词，可能是指代词语、可能是表达语气的词语和句型、标点符号……注意分析这些成分，学会概括，我们就将很好地掌握长句难句的阅读方法。

1. 随着 DNA 技术的日渐成熟，技术人员们可以从更小的样本如唾液和血迹上提取 DNA。

   问：技术人员可以提取什么？

   A. DNA　　　　　　　　　　　B. 更小的样本

   C. 唾液　　　　　　　　　　　D. 血迹

2. 挪威科学家近日宣布，他们在北极的斯瓦尔巴群岛上发现了史前巨型海兽蛇颈龙的化石。

问：挪威科学家宣布发现了什么？

A. 北极　　　　　　　　　　B. 斯瓦尔巴群岛

C. 史前巨型海兽蛇颈龙　　　D. 化石

3. 总经理让秘书通知大家明天开会讨论派谁参加项目说明会的问题。

问：谁明天开会？

A. 总经理　　　　　　　　　B. 秘书

C. 大家　　　　　　　　　　D. 总经理和秘书

4. 大个子老陈厂长和党委书记程鹏飞，昨天派我今天一早乘飞机去北京参加一个生产协作会议。

问：谁去参加生产协作会议？

A. 大个子　　　　　　　　　B. 陈厂长

C. 党委书记程鹏飞　　　　　D. 我

5. "浩瀚的大漠戈壁、葱郁的原始森林、感悟大自然的杰作，与自然界各种生灵亲密接触……"这些以"绿色旅游"做卖点的广告在"十一黄金周"前频频亮相，充满诱惑。

问：什么充满诱惑？

A. "浩瀚的大漠戈壁、葱郁的原始森林、感悟大自然的杰作，与自然界各种生灵亲密接触……"

B. "绿色旅游"

C. 这些广告

D. "十一黄金周"

6. 目前很多文化垃圾，如暴力电影、色情故事等等，在网络上流行，使还没有分析能力的孩子受到负面的影响。

问：什么使孩子受到不好影响？

A. 文化垃圾　　　　　　　　B. 暴力电影

C. 色情故事　　　　　　　　D. 网络

7. 这些广告的语言大多是千篇一律的"质优价廉""实行三包",人云亦云的"顾客至上""信誉第一",看起来十分全面、突出,实际上毫无新意,令人感到乏味。

问：什么让人感到乏味？

A. 广告的语言　　　　　　　　B. 毫无新意

C. "质优价廉""实行三包"　　D. "顾客至上""信誉第一"

8. 近日,蜀南竹海这个目前世界上最大的竹种基因库在四川中国生物圈保护区建成。

问：近日在四川建成了什么？

A. 蜀南竹海和竹种基因库　　　B. 中国生物圈

C. 竹种基因库　　　　　　　　D. 中国生物圈保护区

9. 在日前发表的《2001 年全球竞争力报告》中,北欧小国芬兰再次名列第一。气候寒冷、人口稀少、资源贫乏到几乎只有森林的一个北欧小国,竞争力竟将美国这样的大国甩在后面,是非常令人深思的。

问：什么非常令人深思？

A. 芬兰气候寒冷　　　　　　　B. 芬兰人口稀少

C. 芬兰资源贫乏　　　　　　　D. 芬兰竞争力超群

10. 在美国,在全球范围内,从华尔街（Wall Street）到欧洲、到亚洲、到南美,一场金融危机正扩散开来——银行倒闭、房价暴跌、油价剧烈变动……人们把这场自第二次世界大战以来的最严重的危机称之为金融海啸。

问：现在全球正经历的是什么？

A. 银行倒闭　　　　　　　　　B. 房价暴跌

C. 油价剧烈变动　　　　　　　D. 金融海啸

概括段落（短文）的主要观点或主要内容

04

概括文章的主要观点或主要内容，一般要先看标题、开头和结尾。这些部分经常有主题句，明确表达了作者的观点或文章的主要内容。如果没有主题句，就需要通过概括各段的内容，自己总结。段落的概括与此相同。段落表达观点的句子一般也多在开头或结尾部分。有些段落，没有直接出现主题句，或者开头和结尾都有表达观点的句子，那就需要我们仔细阅读，深入理解文字要说什么，它的核心思想或主要内容是什么。需要我们自己提炼和归纳。

（一）

在日前发表的《全球竞争力报告》中，北欧小国芬兰再次名列第一。气候寒冷、人口稀少、资源贫乏到几乎只有森林的一个北欧小国，其竞争力竟将美国这样的大国甩在后面，是非常令人深思的。芬兰能够名列第一与多种因素有关，但说到底，是其经济高度市场化、国际化的结果。其中最重要的一条是芬兰有着良好的社会环境。大凡在芬兰生活过一段时间的人，无不强烈感受到芬兰人的遵纪守法。走遍芬兰，基本上看不到站在街头指挥交通的警察。即使在深更半夜的空旷街头，芬兰人也不会闯红灯。这种自觉守法的理念，正是法治的必备基础，是市场经济健康成长的必需土壤。

芬兰人诚实守信。在芬兰不诚实的人犹如眼中之沙，被周围的人看不起。靠欺诈行骗取得的成功，不会被认为是"精明强干"，而会被人们唾弃。芬兰和其它北欧国家一样，在世界上腐败程度较低。严惩腐败为社会铲除了毒瘤，为发展清除了障碍。

良好的道德也能产生效益，也能提高一国的综合竞争力，这是芬兰给我们的启示。

请用一句话概括上文的主要观点：

（二）

很多人都以为，喝浓茶可以解酒，却不知醉酒喝浓茶，非但不能解酒，反而会引起相反效果。酒中的酒精成分会刺激心脏，浓茶对心脏也有刺激作用，两者合二为一，双管齐下，更增加了对心脏的刺激。这对于心脏功能不好的人来说，更为不利。醉酒后喝浓茶对肾脏也很不利。茶与酒精合在一起会对肾功能造成损害。如果醉酒可以喝少量的果汁，当然，最好不要醉酒。

请用一句话概括上文的主要观点：

_____

_____

05 事理文中理的提炼与深化

文章写事的目的无非以下几种，一种是表达思想，一种是表达感情，一种是记录奇闻趣事。我们这里的"事"是为表达思想服务的，也就是说，我们写事的目的是讲"理"，也即文章的主题。"理"是我们对"事"进行分析、研究，并经提炼而得出的思想结晶。它既包含所反映的事物本身所蕴含的客观意义，又集中体现了我们对客观事物的理解、认识和评价。"理"是事理文的灵魂，只有把握好，提炼好，并经过不断地深化，才能实现文章价值的最大化。

"理"要深化，必须深入开掘表现主题的"事"。开掘越深，文章越能震撼人心。当我们有非常深入的思考，形式独特的认识时，写作的热情就有了。这种写作的冲动有时会"自然"地引导我们组织语言，选择句式，结构篇章……文章的写作浑然天成。

思考题，请看下面的荡秋千图

06

请问：你可以从"荡秋千"想到什么？它能给你哪些人生启迪？

1. _____

2. _____

3. _____

UNIT 2

第二单元

学习内容：

1. 阅读部分

    字词：猜词的方法——根据构词法猜词

    句：长句的理解方法，难句的标识与理解

    段落：事理的提炼与概括

    文：阅读

2. 写作部分

    事理文中的事理关系

    事理文中理的提炼与深化

学习重点：

1. 汉语的构词法与利用构词法猜词

2. 长句、难句的理解

3. 概括段落、短文的主要内容或主要观点的方法

4. 事理提炼

第六课

富翁和狼

下册

新商务汉语阅读与写作教程

文章阅读
01

富翁和狼

一位富翁在非洲**狩猎**。经过三个**昼夜**的周旋，一匹狼成了他的猎物。向导准备**剥**下狼皮时富翁制止了他，问："你认为这匹狼还能活吗？"向导点点头。富翁打开随身**携带**的通讯设备，让**停泊**在营地的直升机立即起飞，他想救活这匹狼。

直升机载着受了重伤的狼飞走了，飞向 5000 公里以外的一家医院。富翁坐在草地上陷入了深思。这已不是他第一次来这里狩猎，可是从来没有像这一次受到如此大的触动。过去，他曾捕获过无数的猎物——斑马、小牛、羚羊甚至狮子。这些猎物在营地大多数被当作美餐，分而食之。然而，这匹狼却让他产生了"让它继续活下去"的念头。

狩猎时这匹狼被追到一个近似于"丁"字形的**岔**道上，正前方是迎面包抄过来的向导，他也端着一支枪，狼被夹在中间。在这种情况下，狼本来可以选择岔道逃掉，可是它没有这样做。当时富翁很不明白，狼为什么不选择岔道，而是迎着向导的枪口冲过来，准备夺路而逃？难道那条岔道比向导的枪口更危险吗？

狼在夺路而逃时被捕获，它的**臀**部中了弹。面对富翁的**疑惑**，向导说："埃托沙的狼是一种非常聪明的动物，它们知道只要夺路成功，就有生的希望；而选择没有猎枪的岔道，必是死路一条，因为那条看似**平坦**的路上必有**陷阱**。这是它们在长期与猎人的周旋中悟出的道理。"

富翁听了向导的话非常震惊。据说，那匹狼最后被救治成功，如今在纳米比亚埃托沙禁猎公园里生活，所有的生活费用由那位富翁提供，因为富翁感激它告诉他这样一个道理：在这个相互竞争的社会里，真正的陷阱会伪装成机会，真正的机会也会伪装成陷阱。

来源：《伴侣》2002 年第 07 期　作者：刘燕敏　收入时略有删改

（一）请在下列选项中选择正确答案

    1. 关于富翁：

        A. 他是一个非洲人

        B. 他救活了他们打伤的那匹狼

        C. 他经常救助他枪下的猎物

        D. 他第一次到非洲狩猎就猎到了狼

    2. 富翁为什么叫来了直升机？

        A. 因为他随身携带的通信设备很重

        B. 因为他喜欢便捷的交通工具

        C. 因为向导要剥下狼皮做美餐

        D. 因为他想救活那匹重伤的狼

    3. 狼是在什么地方被猎到的？

        A. 宿营营地   B. 三叉路口

        C. 禁猎公园   D. 陷阱里

    4. 关于狼下面哪个选项是不正确的：

        A. 它想迎着向导的枪口夺路而逃

        B. 它是一种非常聪明的动物

        C. 它认为岔道上有陷阱

        D. 它喜欢与猎人周旋

    5. 狼的故事可以告诉我们什么道理？

        A. 在机会的背后有可能存在的是陷阱，反之亦然。

        B. "平坦的路上必有陷阱"并不一定正确

        C. "夺路成功"才有希望，不能等着机会的到来

        D. 生存的道路绝不平坦，必须努力适应竞争的环境

（二）请试着猜一下上文加黑词语的意思，并简述你采用的方法

狩猎：　　　　　　　　　　　昼夜：

周旋：　　　　　　　　　　　剥：

携带：　　　　　　　　　　　停泊：

岔：　　　　　　　　　　　　臀：

疑惑：　　　　　　　　　　　平坦：

陷阱：

猜词练习：根据构词法猜测划线的词的意思
02

1. 政策的制定要考虑<u>利益</u>与代价的均衡，而且要从长远发展的角度来综合考察。

（　　　　　　　　　　　　　　　　　　　　　　　　　）

2. 足疗有健身防病、<u>延年益寿</u>等多方面功效，其中治疗失眠的效果非常显著。

（　　　　　　　　　　　　　　　　　　　　　　　　　）

3. 随着全球产业分工的不断发展外国企业进军中国高端制造业趋势<u>日益</u>明显。

（　　　　　　　　　　　　　　　　　　　　　　　　　）

扩展：请指出下列词语的意思

收益、良师益友、益鸟、益智图、精益求精

4. 世界名画《1835年普希金在涅瓦河上》，是俄国画家列宾<u>反复</u>修改、刮掉重画至少一百次才完成的。

（　　　　　　　　　　　　　　　　　　　　　　　　　）

5. 被调查的多数经济学家认为，美国经济强劲<u>复苏</u>的势头今年将持续下去，近期经济前景良好。

(   )

6. 盲目扩大生产，资源利用率低，污染加剧……也许我们正在<u>重复</u>发达国家
   这方面的教训。

(   )

扩展：请指出下列词语的意思

   <u>复</u>学、<u>复</u>习、<u>复</u>印、山重水<u>复</u>、循环往<u>复</u>、失而<u>复</u>得

7. 没有客户的加入与信任，金融业将成为<u>无源之水</u>、<u>无本之木</u>。

(   )

8. 善于管理者，是很会处理管理中的<u>本末</u>、轻重、缓急之间关系的。

(   )

9. 治理高房价要<u>标本</u>兼治：一方面可以采取相应措施打压房产投资，一方面
   要大力增加城市保障房、廉租房的建设。

(   )

10. 本网店化妆品为东京直购，绝对正品，但<u>本小利微</u>，请勿讲价。

(   )

扩展：请指出下列词语的意思

   舍本逐末、枯本竭源、治标不治本、一本万利

📀 句子理解

1. 本打算先去南京、上海和杭州，再去游览黄山、庐山，最后去桂林，结果
   除了南京和上海，哪儿都没去成。

   问：说话人去哪儿了？

   A. 哪儿都没去   B. 南京和上海

   C. 黄山和庐山   D. 桂林和杭州

2. 机械钟发明于 11 世纪的中国，直到 1271 年，罗伯茨安格利卡斯才在他的书中告诉我们，在欧洲"工匠们正在试图制造一个能与地球公转一致的轮子（钟），但是他们失败了"。

问：欧洲人什么时候能够制造钟表？

A. 11 世纪   B. 1271 年以后

C. 12 世纪   D. 1271 年以前

3. 那音乐非常美妙动听，有时似淙淙流水，有时如穿云裂帛，引得大家如醉如痴，好像整个世界都不存在了。

问：作者觉得音乐怎么样？

A. 非常好听   B. 像流水一样

C. 像喝醉了酒   D. 像整个世界都没了

4. 沈从文先生的作品中有一种内在的忧伤，但是并不悲观。他认为我们这个民族是有希望的、有前途的，他的作品里没有荒谬感和失落感。

问：作者认为沈从文先生的作品中有什么？

A. 忧伤   B. 忧伤和失望

C. 忧伤和失落感   D. 忧伤和信心

5. 经科学研究表明：像人参、当归、维生素、蛋白质等各类营养物质必须经过人体消化系统才能被消化、吸收和功能转换，通过血液供给发根吸收，促进头发生长。

问：这句话是说？

A. 人参、当归、维生素等是营养物质

B. 营养物质能促进头发生长

C. 营养物质不能被发根直接吸收

D. 科学研究有了新发现

6. 在中国，有许多想把国家建设好的充满信心的国民，有眼界开阔、受过良好教育的青年一代，有广阔的国土、丰富的资源，有越来越开放的政策。

中国的人口分布相对合适，有充足的劳动力……

问：这句话是想说明什么？

A. 中国的经济发展取得了突出成果

B. 中国的经济发展具备了良好条件

C. 中国有丰富的资源和开放的政策

D. 中国的人口分布合理、劳动力充足

7. 尽管现代科学研究证明喝茶有益于健康，特别是喝茶还有降血脂、抗癌等特殊作用，但茶叶中含有较多的咖啡碱，这对易发多种心脏疾患的老人来说不太适宜。

问：这段话告诉我们了什么？

A. 喝茶易患心脏病　　　　　　B. 喝茶如同喝咖啡

C. 喝茶有益于健康　　　　　　D. 老人不要多喝茶

8. 长城，东起山海关，西至嘉峪关，横跨中国北部七个省、自治区，全长六千多公里，号称万里长城，是中国古代劳动人民智慧的结晶，是世界伟大的建筑奇迹之一。

问：这段话说明了什么？

A. 长城的长度　　　　　　　　B. 称为长城的原因

C. 长城的伟大　　　　　　　　D. 长城的历史

9. 国际会议中有一个让人不可思议的现象，这就是环境和气氛对国际会谈的影响往往超出人们的想象，不少时候，结束敌对关系可能取决于会谈的地点而非内容。

问：根据这段话我们可以知道什么？

A. 国际会谈中经常讨论环境和气候问题

B. 国际会谈中会谈结果往往难以想象

C. 国际会谈中会谈的环境和气氛非常重要

D. 国际会谈中结束敌对关系有很多可能性

10. 很多人都习惯拿进口商品与国产商品比，说中国产品质量差，并归结于中国技术落后。其实我们忽略了一个问题：中国货便宜。在这个世界上，大多数原材料的价格都是透明的，谁买都一样。如果只以价格取胜，很多人就会在偷工减料上做文章。在国产电器里，海尔算是好的，而海尔价格也是最贵的。如果严格质量标准，那就得提高报废率，成本自然就高了。

问：这段话是想说什么？

A. 技术落后会导致产品质量差

B. 中国货比进口商品便宜

C. 海尔的价格为什么最贵

D. 不比价格只比质量是不公平的

段落练习

（一）

在世界经济深陷危机复苏乏力、世界产业跨区域转移暗流涌动的背景下，中国企业尽管面临贸易保护主义抬头、地区政治经济形势恶化等挑战，但走出国门、开展国际化经营，仍然机遇大于挑战。

一方面，国内用工、土地成本大幅上升，原材料成本、税费负担、资金成本等生产要素价格普遍上涨，使得一些劳动密集型的企业经营利润下降，尤其是一些依靠成本优势取得一段时间内发展的中小型企业更是面临生存困境。此外，随着绿色低碳理念逐渐纳入政府发展规划并在企业经营政策上得以体现，国内部分制造业面临原材料供应不足、价格上涨等难题。而在国外，经济颓势下海外地区矿产、油田等原材料价格出现下滑，其资产价值处于下降通道，为中国企业走出去提供了良好机遇。

另一方面，一些国外企业由于市场需求下滑而经营困难，企业低价出售现象增多，为中国企业到海外投资收购一些高技术企业提供良机。例如，中国工程机械顶尖企业 ** 有限公司联合中信产业投资基金顾问有限公司斥资 3.6 亿欧元收购德国"大象"——普茨迈斯特公司 100% 股权，便是获取核心技术、抢占全球市场的成功案例。

请用一句话概括上一段落的主要观点：

_____

_____

_____

（二）

人类是世界上最高等的动物，也是最难估计的动物，尤其是无法估计人们存在于身体内的潜力。如最近在加拿大就发生了一件叫人无法想象的事：一位母亲为了救其儿子，把整辆汽车都抬起来了。这位母亲是 47 岁的柏·立弗古太太。事发当天，她的儿子切士·立弗古正开车回家，不小心撞上了人行道。车翻了，切士被抛出车外，但右手仍被压在车底。他拼命地高呼救命。当时正在房内接电话的柏·立弗古太太闻声赶往事发现场。当她看见儿子痛苦的样子时，立刻毫不犹豫地以 100 磅的身躯把重达 3500 磅的汽车抬起。儿子被救了出来，只是右手受了轻伤，而柏·立弗古太太则背部受了伤。事后柏·立弗古太太认为，只要当你知道自己心爱的人有危险时，你便能做出一些平时绝不可能做到的事，而这一切只依赖一个字，这便是——爱。

请用一句话概括上一段落的主要内容：

_____

_____

_____

理的提炼与深化

05

　　美国《幸福》杂志曾在征答栏中刊登过这样一个题目：假如让你重新选择，你做什么？一位军界要人的回答是去乡间开一个杂货铺；一位女部长的答案是到哥斯达黎加的海滨经营一个小旅馆；一位市长的愿望是改行当摄影记者；一位劳动部长想做一家饮料公司的经理。几位商人的回答最离奇，一位想变成女人，一位想成为一条狗。更有甚者，想退居山野变为植物。其间，也有一般百姓的回答，想做总统的，想做外交官的，想做面包师的，应有尽有。但是，很少有人想做现在的自己。

　　你可以从材料中总结出哪些道理：

　　1. _____

　　_____

　　_____

　　2. _____

　　_____

　　_____

　　3. _____

　　_____

　　_____

UNIT 2

第二单元

 学习内容：

1. 阅读部分

   字词：猜词的方法——根据构词法猜词

   句：长句的理解方法，难句的标识与理解

   段落：事理的提炼与概括

   文：阅读

2. 写作部分

   事理文中的事理关系

   事理文中理的提炼与深化

 学习重点：

1. 汉语的构词法与利用构词法猜词
2. 长句、难句的理解
3. 概括段落、短文的主要内容或主要观点的方法
4. 事理提炼

第七课

永远的坐票

文章阅读

永远的坐票

生活真是有趣：如果你只接受最好的，你经常会得到最好的。

有一个人经常出差，经常买不到对号入座的车票。可是无论长途短途，无论车上多挤，他总能找到座位。

他的办法其实很简单，就是耐心地一节车厢一节车厢地找过去。这个办法听上去似乎并不高明，但却很有效。每次，他都做好了从第一节车厢走到最后一节车厢的准备，可是每次他都用不着走到最后就会发现空位。他说，这是因为像他这样**锲而不舍**找座位的乘客实在不多。经常是在他落座的车厢里**尚余**若干座位，而在其他车厢的过道和车厢接头处，居然**人满为患**。

他说，大多数乘客轻易就被一两节车厢拥挤的表面现象迷惑了，不大细想在数十次停靠之中，从火车十几个车门上上下下的流动中**蕴藏**着不少提供座位的机遇；即使想到了，他们也没有那一份寻找的耐心。眼前一方小小立足之地很容易让大多数人满足，为了一两个座位背负着**行囊**挤来挤去也让一些人觉得不值。他们还担心万一找不到座位，回头连站着的地方也没有了。

与生活中一些安于现状不思进取害怕失败的人永远只能**滞留**在没有成功的起点上一样，这些不愿主动找座位的乘客大多只能在上车时最初的落脚之处一直站到下车。

自信、执着、富有远见、勤于实践，会让你握有一张人生之旅永远的坐票。

来源：《应用写作》2006 年第 07 期　作者：未知　收入时略有删改

（一）请快速阅读文章并选择正确答案

1."他"用什么办法在车上得到座位？

　　A.他总是提前上车

B. 他总是买对号入座的票

C. 他总是抢占别人的座位

D. 他一节车厢一节车厢地找

2. "他" 总能在车上找到座位的原因是什么？

　　A. 他长得很帅　　　　　　　　B. 他很有耐心

　　C. 他显得很老　　　　　　　　D. 他走 "后门"

3. 从文章中，我们可以知道：

　　A. 每次他都用不着走到最后就会发现空位

　　B. 像他这样锲而不舍找座位的乘客很多

　　C. 在他落座的车厢里通常只有一个座位

　　D. 大多数人都不满足眼前一方小小立足之地

4. 大多数人都没有座位的原因**不是**：

　　A. 他们没有那一份寻找的耐心

　　B. 他们不想坐，因为很快就要下车

　　C. 担心万一找不到座位，回头连站着的地方也没有了

　　D. 大多数乘客轻易就被一两节车厢拥挤的表面现象迷惑了

5. 不符合本文观点的是：

　　A. 人应该满足自己所拥有的一切

　　B. 如果你只接受最好的，你经常会得到最好的

　　C. 自信、执着、富有远见、勤于实践，会让你握有一张人生之旅永远的坐票

　　D. 生活中安于现状不思进取害怕失败的人永远只能滞留在没有成功的起点上

（二）请试着写出上文加黑词语的意思，并简述你采用的方法

1. 锲而不舍 _____

2. 尚 _____

3. 人满为患 _____

4. 蕴藏 _____

5. 行囊 _____

6. 滞留 _____

猜词——根据构词法猜测划线的词的意思
02

1. 说到<u>喜新厌旧</u>这个词儿，人们马上会想起抛妻弃子，道德败坏的人或事。

（   ）

2. 房价高企，早已是<u>街谈巷议</u>的主要话题，也是政府、业界争议的热点。

（   ）

3. 融资（一个企业的筹集资金的行为）问题一直是中国民营企业发展的一大障碍，我们集团也不例外，尤其是总裁杨明先生不愿意走<u>旁门左道</u>，通过不正当途径去获得银行贷款，融资困难就显得更加突出。

（   ）

4. 我特别讨厌在别人背后<u>说长道短</u>的人，很多矛盾就是从他们搬弄是非开始的。

（   ）

5. 许多年轻人喜欢在服装和语言上<u>标新立异</u>，目的是吸引别人的注意。一则"此人出租"的大学生求职广告足够奇异了，但引来的却是众多批评的声音。

（   ）

请问上面的成语（ABCD）结构上有什么特点？

_____

_____

_____

扩展：请试着用相同的方法在括号中填字组成成语

日积月（　　）　甜言蜜（　　）　天昏地（　　）　（　　）争暗斗

空前绝（　　）　此起（　　）伏　因小失（　　）　口是心（　　）

千辛万（　　）　挑肥拣（　　）　瞻前顾（　　）　眼高手（　　）

千呼万（　　）　朝思（　　）想　有始有（　　）

句子理解

1. 从哥伦布发现新大陆后，16 世纪烟草从美洲传入欧洲，从贵族社会传入平民百姓盛行了几百年。现在它在欧洲已面临厄运，不再被认为是社交工具，不再是表现绅士淑女风度潇洒的装饰品，而被认为是一种公害。

   问：什么是一种公害？

   A. 哥伦布　　　B. 烟草　　　C. 贵族社会　　　D. 装饰品

2. 思维是人脑对所获信息的加工过程，语言是通过发音器官产生的信息载体系统，二者并不是不可分割的。

   问：这句话的意思是什么？

   A. 没有思维就没有语言

   B. 没有语言就没有思维

   C. 语言和思维是相同的

   D. 思维和语言是不同的

3. 中青杯乒乓球大赛第二轮继续进行，高阳即将迎战李小春。本场比赛至关重要，高阳如果能够取胜，将有可能在下一场遇到实力稍弱的杨一明，如果失利将无缘 16 强。上一场比赛，由于对手过强和临场发挥不好，高阳以 6：11、4：11、7：11 大比分输给了张勇，可能会对他本场比赛产生过大心理压力。

问：哪场比赛非常关键？

　A. 第二轮的首场比赛

　B. 李小春对高阳的比赛

　C. 高阳对张勇的比赛

　D. 高阳对杨一明的比赛

4. 河西区最初的发展得益于早些年我市提出的跨河发展战略，因其独特的区位优势，大批房地产商和投资商竞相购地置业。而即将建成的河堤公园，收纳了无限的玉河风光，这会和著名的"慢波绿城"一起，将我市的河西区打造成为"上海的浦东"。

问：房地产商和投资商竞相购地置业是因为？

　A. 河西区有独特的区位优势

　B. 市政府推出了跨河发展战略

　C. "慢波绿城"很著名

　D. 河堤公园非常美

5. 河西区最初的发展得益于早些年我市提出的跨河发展战略，因其独特的区位优势，大批房地产商和投资商竞相购地置业。而即将建成的河堤公园，收纳了无限的玉河风光，这会和著名的"慢波绿城"一起，将我市的河西区打造成为"上海的浦东"。

问：这会和著名的"慢波绿城"一起……其中的"这"是指？

　A. 河西区　　　　　　　　　　B. 房地产商、投资商

　C. 河堤公园　　　　　　　　　D. 玉河风光

6. 乘火车之前最好早点动身，别到非走不可的时候才走，那样很容易误车。

问：怎样很容易误车？

   A. 早点动身

   B. 别到非走不可的时候走才走

   C. 没到开车的时候就走

   D. 到一定要走的时候才走

7. 因为钱包被各种银行卡挤满了，装在兜里鼓囊囊的，难看死了，而且每年交的管理费也不少，所以我想削减一些，但现在的基金常在不同的银行销售，再说去银行销户也很麻烦，所以我只好让钱包继续被银行卡"占领"着。

问：为什么他不削减他的银行卡？

   A. 因为他的钱包被各种银行卡占满了

   B. 因为每年交很多年卡管理费

   C. 因为他没有时间去银行

   D. 因为他想买很多基金还怕麻烦

8. 即将毕业的大学生们，请谨慎面对网络招聘广告上的高薪许诺，以免受骗上当，悔恨终身。

问：这句话的意思是？

   A. 请大学生不要受骗上当

   B. 请大学生别悔恨终身

   C. 请大学生别轻信招聘广告

   D. 请大学生不要在网上找工作

9. 随着"收藏保值"热向名贵中药转移，目前1克冬虫夏草的价格甚至已超过同等重量的黄金。但专家提醒，中药不可能无限期"保质"，药物一旦失效就没有了治疗效果，随之也就失去了收藏价值和意义。收藏中药以求保值升值存在巨大风险。

问：人们为什么想收藏中药？

   A. 因为最近流行收藏中药

B. 因为冬虫夏草的价格比同等重量的黄金贵

C. 因为中药不可能无限期 "保质"

D. 因为希望个人资产能够保值升值

10. 许多成年人很容易忽视青少年对尊重的需求，他们总是想，既然自己是父母，是老师，就有权力支配孩子的一切。他们甚至不惜损害孩子的自尊，以成年人的优越地位来迫使孩子服从自己的意志。

问：这些成年人想要什么？

A. 忽视青少年的需求   B. 损害孩子的自尊

C. 表现自己的优越地位   D. 让孩子服从自己的意志

段落练习

（一）

现代社会中，迷信是一种令人误入歧途的普遍倾向，或更准确地说叫 "现代迷信"。显然，迷信的本质是愚蠢的，宣传迷信纯粹是欺骗行为。然而，随着时代的变迁，今日的迷信也披上了科学的外衣，因而比古代降神会上的巫婆的所作所为更具欺骗性。

目前，在中国、美国和其他一些发达国家，有许多人相信迷信，有公开的、有秘密的。其中不乏知名人士。在美国，首屈一指的现代迷信是星相学。据估测：美国有一万多个职业占星学家。报纸上的星相学专栏，收音机、电视机中有星相学的节目是司空见惯之事。星相学的书籍、现场讨论会随处可见。美国人每年花在这方面的资金高达数十亿美元。

那么，为什么在当今科技如此发达的时代，还有人死死抱住这个古老陈旧的信仰呢？一部分原因是：星相学声称预卜未来，而每个人都关心自己未来的命运，特别是在高度竞争的社会里，更是如此。更重要的原因是：星相学家把星相学装扮得更像科学而不是宗教或迷信。

选择一个最能概括此文的句子或词组作标题：

1. 现代社会中，迷信是一种令人误入歧途的普遍倾向。

2. 目前，在中国、美国和其他一些发达国家，有许多人相信迷信。

3. 现代星相学流行的原因。

4. 现代迷信与星相学。

（二）

在中国，一方面是专业人员十分缺乏，而一方面一些中青年专业人才又想要出国。这一矛盾实际上来自同一个原因，即专业人员处于闲置状态。这类闲置人员的数目每年相当于 344 万。即使把出国的各类人才加在一起，也远远达不到这个数字。退一步讲，即使是 300 多万闲置专业人才全部走净，正在发挥作用的人当中还是没有走掉一人。由此可以得出结论：中国不存在人才流失问题，而是存在人才浪费问题。那么，解决人才浪费的方法是什么呢？显然不应仅仅依靠阻止人才外流，而应该下大力气搞活人才市场，彻底改变传统的人事管理体制。也就是说，解决人才闲置的问题比限制出国留学人员更为紧迫。

（1）选择一个能表达此段主要观点的句子：

　　1. 人才流失不要紧，没关系。

　　2. 中国的专业人员太多了，所以他们想出走。

　　3. 中国的专业人员太少了，所以不能让他们出国留学。

　　4. 中国的专业人才流失的不多，闲着没事干的却很多，所以要先解决这个
　　　　问题。

（2）模仿上篇，拟标题：

看下面的短文，并指出它们可以用来说明什么 "理"

05

美国一中学生写了一篇文章,呼吁人们签署一项请愿书,要求对"一氧化二氢"化学物进行严格控制, 甚至完全予以废除。理由是：①它有可能引发过多出汗和呕吐；②它是酸雨的主要成分；③处在气体状态时, 可能引起严重灼伤；④发生事故时吸入也有可能致命；⑤它是腐蚀的成因；⑥它会使汽车制动装置效率减低；⑦在不可救治的癌症病人肿瘤中已经发现该物质。该中学生拿着这篇文章问过 50 个人, 了解他们是否支持禁止使用这种化学物质。结果支持的占 80%；尚不能决定的占 18%；只有一人说, "一氧化二氢"就是水呀, 怎么能禁止使用水呢？遗憾的是, 注意到这个常识的人只占了 2%！

你可以从材料中总结出哪些道理：

1. _____

_____

_____

2. _____

_____

_____

3. _____

_____

_____

UNIT **2**

第二单元

学习内容：

1. 阅读部分

　　字词：猜词的方法——根据构词法猜词

　　句：长句的理解方法，难句的标识与理解

　　段落：事理的提炼与概括

　　文：阅读

2. 写作部分

　　事理文中的事理关系

　　事理文中理的提炼与深化

学习重点：

1. 汉语的构词法与利用构词法猜词

2. 长句、难句的理解

3. 概括段落、短文的主要内容或主要观点的方法

4. 事理提炼

第八课

放弃你人生的那7%

文章阅读

放弃你人生的那 7%

美国保险巨头法兰克·毕吉尔刚从事保险业的时候，事业曾经**一帆风顺**。出色的推销能力，让他在这个行业里如鱼得水。

当他充满激情、对未来充满抱负、渴望在保险业里**大展身手**的时候，他却遭遇了自己从业以来的第一个工作"瓶颈"问题，并被它牢牢困住。

他想让自己的业绩得到迅速的提升，于是他开始起早贪黑地出去跑业务，并使出**浑身解数**说服客户购买他推荐的保险。为了争取到每一笔可能成交的业务，他经常要三番五次登门拜访。可令他沮丧的是，尽最大的努力却收效甚微———虽然他付出了比往常多几倍的汗水，可他的业绩并没有比原来提高多少。

那段时间，他异常沮丧，整天**郁郁寡欢**，对前途丧失了希望，甚至想要放弃这个充满挑战的职业。

一个周末的早晨，他从噩梦中醒来，仍然怀着沮丧和不安。不过，他很快就平静下来了。他开始认真思考解决问题的办法。

他在内心里不断问自己：问题到底出在什么地方？平日里工作的情景，很快**浮现**在他的脑海里：许多时候，在他多次登门拜访，百般努力下，客户终于答应下来购买他的保险，但在最后的关头，客户常常反悔，并说："让我再考虑考虑，下次再谈吧。"这样，他最终不得不沮丧地离开，再花时间去寻找新的业务。

当他没有想到更好办法的时候，他开始随手翻阅自己一年来的工作笔记，并进行细致深入的研究———希望能够从中找到答案。很快，他就发现了问题的**症结**所在。一个大胆的念头在他脑海里闪现，令他自己都有些震惊。

之后的日子里，他一改往日的工作方法，开始采用新的推销策略进行工作。结果令他大吃一惊，他创造了一个奇迹———在很短的时间内，他把平均每次赚

2.70 元钱的成绩，迅速提高到了 4.27 元。当年，他新接进的保险业务，第一次突破百万美元大关，引起业界的轰动。

凭着自己出色的智慧和独特的推销策略，法兰克·毕吉尔迅速成长为保险业内的巨头。

后来，法兰克·毕吉尔向世人公开了自己成功的秘诀。原来，当年他在自己的工作日志中发现了这样一组奇特的数据，从而改变他对工作的认识：在他一年所卖的保险业绩中，有70%是第一次见面成交的，有23%是第二次见面成交的，只有7%，是在第三次见面以后才成交的。而他实际上花费在那7%业务上的时间，几乎占用了他所有工作时间的一半以上。

于是，他采取的新推销策略是，果断放弃那7%的利益，不再为它的诱惑所动。这样，他就可以腾出大量时间用于新业务的拓展。于是，他成功了。

成功有时候就这么简单——果断放弃你人生的那7%！

来源：《意林》2010 年第 01 期   作者：侯拥华   收入时略有删改

 （一）请快速阅读文章并选择正确答案

1. 美国保险巨头法兰克·毕吉尔为什么能在行业里如鱼得水？

　　A. 他善于放弃成效不明显的努力

　　B. 他非常认真、努力

　　C. 他具有出色的推销能力

　　D. 他善于总结经验

2. 法兰克遭遇从业以来的第一个工作"瓶颈"问题，"并被它牢牢困住"中的"它"是指：

　　A. 他渴望着保险业里大展身手

　　B. 他尽了最大的努力却收效甚微

　　C. 他付出了比平常多几倍的汗水

　　D. 他起早贪黑地出去跑业务

3. 有段时间法兰克非常沮丧,"甚至想放弃这个充满挑战的职业"。其中的"这个职业"是:

    A. 经销产品   B. 广告策划   C. 提供服务   D. 推销保险

4. 他的新推销策略是什么?

    A. 果断放弃需要见三次面以上的那 7% 利益

    B. 新接进一种保险业务

    C. 凭借出色的智慧和独特的推销策略

    D. 一个大胆的、令他自己都吃惊的念头

5. 本文告诉我们什么道理:

    A. 做事应该当机立断

    B. 不要怕一时的失败

    C. 应该及时总结经验教训

    D. 成功需要一些必要的"放弃"

(二)请试着猜一下上文加黑词语的意思,并简述你采用的方法

1. 一帆风顺 _____

2. 大展身手 _____

3. 浑身解数 _____

4. 郁郁寡欢 _____

5. 浮现 _____

6. 症结 _____

偏正式构词法：根据偏正式构词法的构词规律完成下列练习

02

1. 请看下面的词语都有哪些特点？

名词：

路灯、红绿灯、闪光灯、台灯、节能灯

过程、进程、日程、疗程、前程、行程

后代、后辈、后门、后院、后台

网页、网名、网线、网站、网址

特点：_____

_____

动词：

飞跑、快跑、慢跑、疯跑……

漫（没有限制、随意）谈、漫游、漫步、漫灌……

畅行、畅饮、深爱、酷爱、微笑、苦笑……

特点：_____

_____

形容词：

雪白、漆黑、狂热

特点：_____

_____

2. 请试一试按照上面的构词法组词

——名词

产品、_____品、_____品、_____品　京剧、_____剧、_____剧、_____剧

誓言、_____言、_____言、_____言　电路、_____路、_____路、_____路

——动词

痛恨、痛＿＿＿、痛＿＿＿、痛＿＿＿　　重视、＿＿＿视、＿＿＿视、＿＿＿视

——形容词

笔直、＿＿＿热、＿＿＿红、＿＿＿凉、＿＿＿冷、＿＿＿白

句子理解

1. 我欣赏的人应该正直、守信、诚实、无私，如果他只是嘴上说一套行动却是另一套，永远在答应却永远都不去行动，这不是欺骗又是什么？！

   问：作者认为言行不一是什么？

   A. 嘴上说一套

   B. 永远在答应却永远都不去行动

   C. 欺骗

   D. 正直、守信、诚实、无私

2. 当你在课上玩手机、睡觉，当你在课后上网聊天、玩游戏，当你拿着父母的钱东游西逛、泡酒吧……难道你就想不到你父母的辛苦，老师的期望和你自己的未来吗？

   问：说话者认为你应该想到什么？

   A. 不好好学习就不是好学生

   B. 学生不应该在课上玩手机、睡觉

   C. 学生不能不预习复习，只是玩

   D. 父母的辛苦、老师的期望和自己的未来

3. 难道我不是个什么也不怕的人么？

   问：这句话的意思是：

   A. 我不是怕人的人

B. 我不是个什么都怕的人

C. 我不是让人怕的人

D. 我是个什么也不怕的人

4. 水獭妈妈打算带小水獭到河对岸去，但是宝宝在熟睡。于是水獭妈妈就把宝宝放在了肚皮上，采用仰泳的姿势，费力地游向对岸……该照片在报纸上登出后，很多人都很感动，他们说："动物尚且如此，何况人呢？"

　　问：说话者的意思是？

A. 动物都有母爱，人却没有

B. 动物都有母爱，人就更不用说了

C. 为什么动物不如人呢

D. 为什么人还不如动物呢

5. 美国人很少按汽车喇叭，除非你的车技太差，挡了人家的路，或者提醒你车门没关好什么的。

　　问：这句话表明了什么？

A. 美国人不会因为行人挡了路而按喇叭

B. 美国人不会因为你车门没关好而按喇叭

C. 美国人发现你车技太差时会按喇叭

D. 美国人遇到特殊情况需要提醒你什么时会按喇叭

6. 本来得的是无菌性的风湿性关节炎，却去使用大量的抗生素，这样做非但不去病，反而增加了不应有的副作用。

　　问：这句话的意思是？

A. 应该使用抗生素治疗风湿性关节炎

B. 不能使用抗生素治疗风湿性关节炎

C. 治疗风湿性关节炎会有副作用

D. 治疗风湿性关节炎很难

7. 关于近期出台的一系列房产调控政策，业内不少声音都认为，与其将重点放限制购买上，不如加强廉租房、公租房的建设。

问：业内人士认为？

A. 调控政策不应该出台

B. 近期出台的房产调控政策太多了

C. 应该限制购房人购买多套住房

D. 应该重点加强廉租房、公租房的建设

8. 只要还有明天，我们就还有希望，就还有"努力与尝试"，就还有"收获和成功"……

问：作者认为有了明天就还有什么？

A. 一切　　　　　　　　　　B. 希望

C. 努力与尝试　　　　　　　D. 收获和成功

9. 他属牛，也确实是头"牛"。一年四季忙个不停：忙工作，忙家务，为教育他的学生忙、忙、忙；工资低，负担重；吃的是"草"，流出来的是"奶和血"。这就是他：一位普普通通的小学教师。

问："他"是？

A. 一头真正的吃草的牛

B. 一位只会忙忙碌碌的小学教师

C. 一位工资低但像牛一样工作的教师

D. 一位会流出许多奶和血的人

10. 在这载歌载舞的表演中，老年人的心情变得更加舒畅；中年人由此想起了祖国光彩夺目的历史；青年人呢，啊，青年人头一次发现除了迪斯科、室内乐之外，我们中国还有这么好看的艺术——京剧。

问：老年人的心情因为什么变得更加舒畅？

A. 京剧表演　　　　　　　　B. 迪斯科舞蹈

C. 祖国光辉的历史　　　　　D. 各种好看的艺术

段落练习

（一）

　　心理学家马斯洛认为，人的需求共有五种。它们包括：生理需求、安全需求、社交需求、自尊需求、自我实现需求。人的需求是分层次的，前一种需求的满足是后一种需求产生的条件；人的行为不是由已经得到满足的需要决定的，而是由新的需要决定的。

　　五种需求中，自我实现需求是最高级的需求，它指充分发挥人的潜能，实现个人的理想、抱负。这是人类最崇高的理想。自我实现需要包括两个方面：一是胜利感，二是成就感。在自我实现层次中，人是为实现自我而行动的，所以最能表现人类的生活方式。人类的本性和最终目标是实现真、善、美。

　　请用一句话概括上文的主要内容：

_____

_____

（二）

　　新陈代谢是在无知觉情况下时刻不停地进行的体内活动，包括心脏的跳动、保持体温和呼吸。新陈代谢受下列因素影响：

　　年龄：一个人越年轻，新陈代谢的速度就越快。这是由于身体在生长造成的，尤其在婴幼儿时期和青少年时期速度更快。

　　身体表皮：身体表皮面积越大，新陈代谢就越快。两个体重相同体型不同的人，个矮的会比个高的新陈代谢慢一些。个高的因为表皮面积大，身体散热快，所以需要加快新陈代谢的速度而产生热量。

　　性别：男性通常比女性的新陈代谢速度快。普遍认为这是由于男性身体里肌肉组织的比例更大。肌肉组织即使在人休息的时候也在活动，而脂肪组织却不活动。

运动：剧烈的体育运动过程中和活动结束后的几个小时内，身体的新陈代谢都是加速状态。

请用一句话概括上文的主要内容：

_____

看下面的短文，并指出它们可以用来说明什么 "理"

有七个人曾经住在一起，每天分一大桶粥。要命的是，粥每天都是不够的。一开始，他们抓阄决定谁来分粥，每天轮一个。于是每周下来，他们只有一天是饱的，就是自己分粥的那一天。后来他们开始推选出一个道德高尚的人出来分粥。强权就会产生腐败，大家开始挖空心思去讨好他，贿赂他，搞得整个小团体乌烟瘴气。然后大家开始组成三人的分粥委员会及四人的评选委员会，但他们常常互相攻击。扯皮（毫无必要地争论）下来，粥吃到嘴里全是凉的。最后大家想出来一个方法：轮流分粥，但分粥的人要等其他人都挑完后拿剩下的最后一碗。为了不让自己吃到最少的，每人都尽量分得平均，就算不平均，也只能认了。大家快快乐乐、和和气气，日子越过越好。

你可以从材料中总结出哪些道理：

1. _____

_____

2. _____

_____

3. _____

_____

单元练习

一、请根据学过的汉字分析的方法技巧，在括号内选择或填上正确的词

　　小马和他的妈妈住在绿草 yīnyīn（　　　　　）的小河边。除了妈妈过河给河对岸的村子送 liángshi（　　　　　）的时候，他总是跟随在妈妈的身边寸步不离。

　　有一天，妈妈把小马叫到身边说："小马，你已经长大了，可以帮妈妈做事了。今天你把这 dài（　　　　）liángshi 送到河对岸的村子里去吧。"

　　小马高兴地答应了。他 tuózhe（驮着、托着）liángshi 飞快 de（　　　　　）来到了小河边。可是河上没有 qiáo（　　　　），只能自己 tāng（汤、蹚）过去。但又不知道河水有多深。犹豫中的小马一抬头，看见了正在不远处吃草的老牛。小马赶紧跑过去问："牛伯伯，河水深不深呀？"

　　老牛挺起他那高大的 shēnqū（　　　　　）笑着说："不深，不深。才到我的小腿。"小马高兴地跑回河边准备过河。他刚一 mài（　　　　）腿，忽然听见一个声音说："小马，小马别下去，这河可深啦。"小马 dī（　　　　）头一看，原来是小松鼠。小松鼠翘着她漂亮的大尾巴，zhēng（　　　　）着圆圆的眼睛，很认真地说："前两天我的一个 huǒbàn（　　　　）不小心掉进了河里，河水就把他 chōng（　　　　）走了。"小马一听没主意了。牛伯伯说河水 qiǎn（　　　　），小松鼠说河水深，这可怎么办呀？只好回去问妈妈。

　　妈妈老远地就看见小马 tuózheliángshi 又回来了。心想他一定是遇到困难了，就 yíng（　　　　）上前去问小马。小马哭着把牛伯伯和小松鼠的话告诉了妈妈。妈妈安慰小马说："没关系，咱们一起去看看吧。"

小马和妈妈又一次来到河边,妈妈这回让小马自己去试试探一下河水有多深。小马小心地试探着,一步一步地 tāng 过了河。噢,他明白了,河水 jì(　　　)没有牛伯伯说的那么 qiǎn,也没有小松鼠说的那么深。

二、阅读文章

关 于 词 汇

汉语是一种表意文字,它的字词学习和拼音文字有很大的区别。大多数汉字我们都可以按照几种有限的造字方法和规律去猜测它的字义,比如:通过字形和偏旁分析字义。词汇的学习也有类似的规律。如果我们掌握了它的规律和方法,就会使词汇的学习容易许多。

现代汉语词的数量是很多的,以《现代汉语词典》为例,它就收了六万多条。随着社会的发展,词的数量还会不断增加。但若分析一下现代汉语词的构造,我们会发现,它们不过单纯词和合成词两大类。

单纯词是指由一个语素(一个意义单位)构成的词。单纯词绝大部分是单音节的,也即一个汉字。汉字的造字初期是一词造一字,在古代汉语里,一个汉字就记录一个词,词大多是单音节的。古代汉语中的单音词,有相当一部分直接进入到现代汉语中去,特别是属于基本词汇的一部分,意义、用法几千年并无太大的变化,如:人、手、牙、生、高、黑、死等;也有一部分连带它的古义作为语素存贮在现代汉语中,在成语中存贮得更多,如"走马观花"中的"走"是古代汉语"跑"的意思,这个语素义保留在了这个成语中。

合成词是指由两个或两个以上的语素按照一定的语法关系构成的词。合成词的数量在现代汉语中占了绝大多数,内部构造也比较复杂。但合成词的组合原则是很有限的,且和我们学过的汉语词组的组合原则基本相同。了解这些知识会对学习汉语词汇很有帮助,也会使你猜词的正确率提高很多。

合成词大体分联合式合成词、偏正式合成词、述宾式(动宾式)合成词、动补式合成词、主谓式合成词等几大类。

　　所谓联合式合成词也叫并列式合成词，是一种非常重要的构词方式，在古汉语向现代汉语发展的过程中，双音节化是发展的规律和方向。语意相关、相同、相反的单音节词两两组合是最直接的方式，因此也最为常见。在这种组合方式里，词语前后两个语素地位平等、并列组合成新词。这两个并列的语素有几种组合方式，常见的有同义组合，即两个语素的意义相近或相同，它们可以互相注释或说明。也就是说，你知道了其中一个语素的意义，也就知道了另一个语素的意义。它们的词汇意义也和语素的意义相近或相同。比如："饥"是一般的饿，想吃东西。"饿"是严重的饿，指的是长时间未进食，受到死亡的威胁。合成"饥饿"，指所有的想吃东西的状态，和"饱"相对。相似的还有"疾病"，最初，一般的病叫"疾"，病重叫"病，现在是病的总称，指所有的病。这样组合，产生了大量的新词。它们可以是名词、动词，也可以是形容词。比如：思想、降落、美丽。值得注意的是，从单音同义或近义词的临时组合到凝固成一个合成词，常常伴随着意义的变化。也就是说，复合词的意义不再像短语一样，是两个单音词的简单相加，而是另外有了专指义。例如："窗户"原指窗和门，现在单指"窗"；"妻子"本指老婆和孩子，现在只指老婆。"结束"的"终了"义是由穿衣产生的。古代的长服装衣襟的上部腋下处有短带，系短带叫"结"。系腰带叫"束"。中古时"结束"一词当"着装""打扮"讲。穿衣到了系短带和扎腰带的阶段，已经是最后一道程序了，所以，"结束"一词才发展出"终了"的意义。而"终了"的意思与"结"和"束"已不易看出直接的关系，当"终了"讲的"结束"也就无法拆开理解了。这样的词在理解词义时应特别注意。

　　联合式合成词的另一种形式是意义相反或相对的语素并列组合。但这种联合式合成词的词汇意义比较抽象、概括。它们也多不是语素意义的简单相加，而是包含了这两个相反、相对语素的全部意义，如："呼吸"；也可能是这两个语素意义的引申或比喻，如："山河"——用山和河来代表国家或国家某一地区的土地。

　　合成词中的偏正式是一种重要的构词方式，在汉语合成词中占了很大的比例。

偏正式合成词在意义上是前一个语素修饰限制后一个语素，前一个语素是"偏"，后一个语素是"正"。例如"书架"就是放书的架子；"热爱"就是热烈地爱；"纸币"就是用纸做的钱币等。它们的语意主要决定于后一个语素，前一个语素用来说明后一个语素是怎么样的。跟其他合成词一样，很多偏正式合成词里语素表示的意义也是融合在一起的，不是简单的相加，如"火车""铁路""黑板""狂热""壁画"等。

述宾式（动宾式）合成词是由动、宾两部分组成的。在意义上前一个语素表示动作行为，后一个语素表示行为支配的对象。如："招生"就是招收学生；"满意"就是满足了意愿。此外"关心""动人""伤心""回信""散步""滑冰"等都是述宾式（动宾式）合成词。

动补式合成词是由动、补两部分组成的。在意义上前一个语素表示动作行为，后一个语素表示这种动作行为的结果或趋向。如："点燃"就是点火使它燃烧；"改正"就是通过改变达到正确的结果。还有："推翻""说明""降低""提高""付出"等都是由前一个语素说一个动作行为，由后一个语素说做了以后怎么样。

主谓式合成词是由名、动（形）词组成的，它也是重要的构词方式。在意义上，前一个语素表示动作行为的主体，后一个语素表示某种行为变化。如："头疼""地震""性急""年（年龄）轻"等，都是后一个语素说明前一个语素怎么样或怎么样了。

除此以外，汉语猜词的方法还有许多，比如缩略语、简称的学习、根据上下文语意猜词、通过句法搭配关系猜词、根据前后句子的意思猜词，等等。

练习：

1. 我们前面学习的构词法主要是下面构词法中的哪些？

   联合式合成词、偏正式合成词、动宾式合成词、动补式合成词、主谓式合成词

2. 请把文中提到的词汇分别列到下面的类别中

书架、美丽、推翻、饥饿、地震、伤心、提高、满意、壁画、呼吸、点燃、
狂热、关心、疾病、招生、黑板、思想、动人、铁路、回信、年轻、说明、
降落、热爱、付出、降低、结束、滑冰、窗户、纸币、山河、火车、性急、
散步

联合式合成词：_____

偏正式合成词：_____

动宾式合成词：_____

动补式合成词：_____

主谓式合成词：_____

三、标点符号练习

> 引号分双引号和单引号两种。引号的作用有三种：一、表示引用的部分。人物对话或者是直接引用别人的话、文章，用引号。如："你帮我拿一杯水来吧！"二、表示特定的称谓和需要着重指出的部分。文章中的某些词语具有特殊意义时，多用引号标明。如：我们的"大蝴蝶"（指风筝）已经稳稳当当地飞上了天空。三、表示讽刺或否定的意思。如：人，不能低下高贵的头，只有怕死鬼才乞求"自由"。这里的引号，表示对所表述的内容加以否定，意思是，这不是真正的自由。单引号用于引号里面还要用引号时，外面一层用双引号，里面一层用单引号。如：爸爸意味深长地对小明说："看来要想真正理解一个词语的意思，不仅要会查有字的词典，还要学会查身边的'无字词典'哪！"

（一）双引号（""）

1. 现代画家徐悲鸿笔下的马_____正如有的评论家所说的那样_____
神形兼备_____充满生机_____

2. 自己的账算得无比清楚_____所有的事情都不吃一点点亏_____这样的_____聪明人_____还是少一点好_____

3. 我在约会时_____差不多已经不再请女士们吃饭了_____他抱怨道_____当你让我付钱时_____我还以为它有着某种特殊的含义呢_____

4. 形声字是汉字中数量最多的字_____而且它是汉字发展的主流_____在目前的常用汉字中_____它占到了90%_____所谓形声字就是由形旁加声旁组成的字_____形旁又叫义符_____表示这个字的意义_____例如_____忄_____和_____心_____常常表示和心理活动有关_____氵_____常常表示和水有关_____声旁又叫声符_____是表示这个字的读音_____例如_____格_____阁_____胳_____骼_____这几个字中的_____各_____就是声旁_____当然_____经过几千年的发展_____汉字中的一些形旁和声旁都变得不太准确了_____但它仍然可以帮助我们学习和掌握汉字_____提高阅读水平_____

（二）单引号（' '）

在与人交谈中_____要能自如地把汉语所有的音和调说正确_____那简直是太难了_____它能让你发疯_____你觉得你说出的话没错_____可是听你说话的人就是听不懂_____有一次_____在我和丈夫住的第一座公寓里_____我们的电话出了毛病_____我请服务员上来修理_____我指着那部电话说_____这个电话不_____香_____我的意思是_____响_____但我的声调不对_____那个服务员弄不明白我的意思_____我搞不清楚这个_____响_____字是四声里的第几声_____所以我一再地试着用各种发音和四声重复地对她说_____但仍然没有效果_____后来什么人的手机响了_____她才突然醒悟了_____啊_____你的意思是_____响_____

四、关于词汇扩展

请试着看一下你们其他课程的教科书，分析一下生词，看看它们字义词义跟它们的偏旁部首有没有联系，看看它们都是由哪种构词法形式构成的，并且试着用构词法的形式进行一下词汇扩展。

例如：**虐待**。

虐：会意。小篆字形。从虍（指虎头），爪、人。描述的是虎用爪伤人。它的本义是"凶恶、残暴"。

待：本义——等待、等候。引申产生了对待、招待、防备等义项。

根据构词法，"虐待"属于偏正式，是表示"怎么样地对待"意，虐待就是"用残暴狠毒的手段对待"。

同样，我们可以扩展词汇 —— 虐杀、虐政（偏正）

暴虐、残虐、肆虐（并列）

—— 优待、亏待、宽待、厚待、款待（偏正）

等待、对待、看待（并列）……

五、请给你的同学讲讲，你遇到的构词能力最强的汉字

_____

_____

_____

六、复习单元的学习内容

　　总结根据构词法猜词的方法、技巧；复习难句长句的理解方法；总结概括段意或短文主要观点、内容的方法；复习本单元根据事例提炼道理的练习内容。

UNIT 3

第三单元

 学习内容：

1. 事理文的事理关系
2. 理的锤炼与深化
3. 事例的筛选
4. 事理文的结构

 学习重点：

1. 利用学习的汉字知识选择正确的字词
2. 事理文的写作

第九课

从此以后

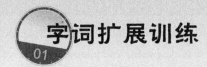

字词扩展训练
01

请在下列同音或字形相近的字词中选字填空，完成句子

现代汉语中,绝大部分汉字是形声字。现代汉字声旁（或声符）数量有 1000 多个，总表音度是 66.04%。汉语的声旁可分为同音声旁、多音声旁和异音声旁。每个声旁的构字能力不同，在 1~23 个之间，平均构字量为 4.25 个。对学习汉语而言，形声字义符与声旁的学习一方面是帮助我们确认和记忆字义、字音，帮助我们学习、记忆、扩展同音字组群中的汉字，提高词汇学习的效率；另一方面是让我们在已知字词读音的情况下，根据我们现有的汉语知识，能够写出（或打字时选出）正确的字词。

 （一）

piāo　piáo　piāo　piǎo　piāo　biāo　piāo
漂　、瓢　、飘、瞟　、螵　、骠　、剽

1. 空中_____来阵阵花香。

2. 河上_____着很多落叶。

3. 他向我这边_____了一眼。

4. 不能从网上下载论文就当成自己的作业了，那是_____窃行为。

 （二）

yōng　yǒng　yǒng　yǒng　tǒng　tōng　tǒng　tòng
拥　、勇、涌、俑、桶、通、捅、痛

1. 一个木_____的最大容量不取决于最长的那块木板，而取决于最短的那块。

2. 我们更需要在生活里、在日常工作中_____有同样的_____气。无论发生了什么事情，都应该带着微笑去面对。

3. 国际车展大厅里人如潮_____，场馆周边道路也被机动车挤得水泄不通。

4. 下水口被头发堵上了，准备一根筷子，_____几下，可以暂时解决一点问题。

（三）

piàn pīan pīan bīan bìan bǐan bīan bīan
骗 、篇 、偏 、编 、遍 、匾 、蝙 、煸

1. 高油价对世界经济会产生一定的不利影响，但还不至于使世界经济＿＿＿＿离复苏的轨道。

2. 1863 年，世界上第一条地下铁道在伦敦建成并且投入运营。而今，现代的地下铁道已＿＿＿＿及世界各地的大中城市。

3. 中国丝织技术对欧洲最重要的影响，是＿＿＿＿织提花织物的提花机和编结花卉（形成五彩的立体图案）的巧妙方法。

4. 国家统计局一再强调，不得人为篡改统计结果，＿＿＿＿造虚假数据。

（四）

xiǎn liǎn liǎn jìan jǐan jǐan jǐan jǐan yàn qīan
险 、脸 、敛 、剑 、捡 、俭 、检 、睑 、验 、签

1. 写完的报告要＿＿＿＿查几遍再交到办公室。

2. 开车请系好安全带，遇到危＿＿＿＿可能会救人一命。

3. 这个足球上还有贝克汉姆的＿＿＿＿名。

4. 一方面，音乐盗版活动有所收＿＿＿＿；另一方面，网上合法音乐销售也开始受到欢迎。

（五）

hèn hěn hén kěn kěn yín yín yín gēn gēn
恨 、狠 、痕 、垦 、恳 、银 、龈 、垠 、根 、跟

1. 目前，我们公司的＿＿＿＿本问题不在于市场前景不良，而在于管理水平低下。

2. 卡尔接手汽车制造集团时，采取了强力措施，大幅裁员、＿＿＿＿心卖掉非汽车制造部门，以应对竞争激烈、销售低迷的危机。

3. 为人诚＿＿＿＿、宽厚是他成功的重要因素，正如一位大师所言："博爱之心，乃真正的智慧。"

4. 探测表明，火星上有干枯的河川，有水曾流过的＿＿＿＿迹。这意味着在远古时期，火星可能存在过生命。

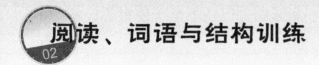

阅读、词语与结构训练

从 此 以 后

（一）请阅读下文，并在括号内选择正确的词语

在一次宴会上，一位朋友说胃不舒服，要求（赞时、**暂时**）退席到主人的沙发上休息一会儿。当别人继续兴奋地喝着白兰地的时候，我随手为那位朋友端去了一杯热茶。第二天，我收到了一封没（帖、**贴**）邮票的信——是他特意跑来投进我家信箱的，信上说："你的那杯茶，给我留下了（**温暖**、温缓）的记忆。"

从此以后，我仿佛刚刚开始懂得了什么才叫作"帮助别人"。

在一次深夜长谈以后，朋友送我到车站。我上车后便急于寻找（坐位、**座位**）。然而，当汽车（**即将**、既将）拐弯的时候，我偶然一回头，发现朋友还站在宁静的夜空下向我挥手告别。于是，我感受到一股友谊的（**甜蜜**、甜密）……

从此以后，我改掉了马马虎虎的送客习惯。

是的，尽管生活的海洋多姿多态，但短暂的感受往往会促成一个永久的信念。

我刚刚搬进新居的时候，曾经错拿了邻居的一把雨伞用了足足一个星期。最后，邻居认出了伞上的标记把伞拿走了。我（**竭力**、揭力）解释说，这伞是一位朋友来访时错拿了进来，而我又以为是朋友的，于是才……然而，我看到的是更加怀疑的目光……

从此以后，我明白了，某些误会只能靠时间来消除。

每一个交往中的细节都包含着生活的道理。如果每个人都愿意随时思考一下刚刚发生的事情，也许会创造出无数个"从此以后"。

来源：《健康必读》2007年第05期　作者：未知　收入时略有删改

（二）请在下列选项中选择正确答案

1. 上文的主要观点是什么？

    A. 每个人送客的时候都不应该马马虎虎

    B. 在别人给自己关心帮助的时候应该懂得感谢别人

    C. 在你搬进新家的时候可千万别错拿了别人的雨伞

    D. 每件小事都包含了生活的道理，我们可以从中学会很多东西

2. 作者感受到友谊的甜蜜是由于：

    A. 朋友为他端来了热茶

    B. 他收到了一封没贴邮票的信

    C. 朋友一直站在夜空下挥手为他送行

    D. 朋友特地跑来投进他家信箱一封感激的信

3. 作者认为生活的海洋多姿多态，但短暂的感受会：

    A. 很容易忘却   B. 给人短暂的记忆

    C. 给人永久的信念   D. 给人温暖的回忆

4. 作者认为某些误会只能用什么方法消除？

    A. 及时地清楚明了地予以解释

    B. 长期的交往和了解

    C. 简短地说明后就不予理会了

    D. 可以反复地进行解释和说明，直到澄清事实为止

5. 作者认为如果每个人都愿意随时思考一下刚刚发生的事情，就会：

    A. 明白许多生活中的道理

    B. 创造许多新鲜的感觉

    C. 交到许多好朋友

    D. 生活得很有趣

新商务汉语阅读与写作教程

（三）请你按照事情、道理分析归纳各段落的写作，画出它的"理"或说"感悟"部分，并总结本文的写作顺序

03 议论文写作训练——评分标准（30分作文）

	6分	5分	4分	3分	2分	1分
写作观点或论点	清晰，有说服力和独立的视角	基本清晰和紧密	比较清晰和紧密	不太清晰和紧密	不清晰也不紧密	特别不清晰，紧密
事例或论据的组织	很好的组织，并且拥有很强说服力的事例	事例的组织基本没有问题，并且有适当的事例	能够充分的组织，并且有一定的事例	没有完整的展开，并且事例相当贫乏	缺少论点的阐述或论证的组织	没有论点，也没有论据或论证的支撑
句式	丰富的引人入胜的句子	较多的句式变化	句式上适当变化	很少的句式变化	句式出现错误	句式上出现严重错误
词汇水平	非常成熟到位的用词	较为丰富的用词	考试要求的足够的用词	不恰当或者错误的用词	非常有限的几个词汇	词汇有限并有严重错误
语法和用法	几乎没有语法错误和用法不当现象	基本没有严重的错误	出现一些技巧上的问题	出现一些的小错误，有个别大错误	有很多的硬伤	最基本的语法都出现错误
总体效果	优	良	可	中	中下	差

04 关于写作观点和事例

请看下面的短文，并回答问题

车门试验及其他

以前看过一部美国有关黑手党的故事片，其中一段是表现某个男孩与黑手党大佬的友谊的。男孩喜欢上了一个年轻姑娘，但不敢确定她是否值得自己喜欢。大佬给他出了一个主意，做一个车门试验。试验内容是男孩开车带女孩去玩儿，他会先用钥匙打开副驾驶座位一边的车门，让女孩上车，然后等着看女孩的反应。如果她是一个好姑娘，会为别人着想，她就会向左侧探过身，帮他拨开车门上的锁簧，打开车门，免去男友用钥匙开门的麻烦。如果她不会为别人着想，自私，她则会坐在座位上心安理得地等候……

女孩顺利通过了车门试验：男孩把她安排好，从车后绕过去准备上车开门时，看到女孩从中间的车挡箱上探过身体，费劲地为他拨起锁扣，他一阵狂喜……

在遥控的中控锁普及之前，我也坐过或蹭过很多人的车。先生是主动先给我开我这侧车门的唯一男人，这既出于对老婆的照顾，也出于他做事的为他人着想的习惯。

第二个遇到为我先开车门的是一个做壁橱门的设计师。那时候还在用车钥匙开门的车已经不多了。他开的是一辆很小很旧的车，没有中控锁。当他先为我打开副驾驶这一侧门的时候，我几乎要发出一声惊呼。后来我也像电影里和坐先生的车一样，去为他打开那一侧的车门。过后我们都感慨，我说他是我爱人之外唯一的一个专门走到这侧先为我打开车门的男士，他说我是唯一的他遇到的在车里为他打开车门的女士，而他根本就没看过我说的那部电影，完全是出自下意识的举动。

后来我们还聊了很多，关于为他人着想，关于教育和教养……印象最深的是他说到他因为偶然的原因参加过一次北京大学的毕业典礼。他说很多北大毕业生都是单手接过校长双手递到他们手上的毕业证书，也没有鞠躬真诚地道一声感谢。当时他就想，他们学得再多再好又有什么用，一个连感谢都不会说，连起码的礼貌和教养都没有的人，社会还能指望他们什么……

现在，我们的学校教育只有一项考察指标——学习成绩，而我们传统家庭教育关于教养、负责、诚信、执着、宽容等品德教育基本缺失。我们将孩子从小就投入"成绩（成功）"这一单一标准中去踩蹦，然后让他们在是否成功和成功的可能性等选择中患得患失，令他们去承受过重的学习压力和过多的精神失衡的痛苦。

然而作为家长，我听过很多人跟我讲孩子的成就，比如考上了哪个名牌大学；也听过很多人跟我讲他们的痛苦，孩子学习差，可能都考不上大学，将来也不能找到一份体面的工作。没有人抱怨，他的孩子进超市的时候没有为后面的人挡一下儿硬邦邦的塑料门帘，没有人在意，他们的孩子坐滚梯的时候不会右侧站立，为着急的人闪开一条快行的通道……

我看到了无数的功利和利己，在我们今天的教育风景背后。

多少年、多少年之后，还有多少人能去做无用的无功利的事情？还有多少人会享受无数先人为我们积累起的诗与美？还有多少人能够欣赏到别人的善意，并在别人的善意里去体会生为人的幸福和作为人的快乐？

作者：赵文筠

1. 这篇文章的标题和第一段，你能看到作者的观点吗？

_____

_____

2. 这篇文章的为什么开头就写"车门实验"的例子？

_____

_____

3. 这篇文章还有什么事例？

_____

_____

4. 这些事例是为了说明什么？

_____

_____

5. 你能总结一下本文的观点吗？

_____

_____

作业

1. 如果布置一篇议论文写作，你会有哪些关注的话题或想表达的思想？

    A. 坚持就会成功

    B. 相信自己

    C. 必要的放弃

    D. 信念与理想

    E. 走好你的每一步

    F. 挫折是你必经的路

    G. 勇气

    H. 选择与承受

    I. 学会妥协有时候是一种教养

    其他：

_____

_____

_____

_____

2. 请你试着在书上或网上查找 1~2 篇能证明你思想的故事、典型事例，抄
  或贴在这里。

_____

_____

_____

_____

_____

_____

_____

_____

_____

_____

_____

_____

_____

UNIT 3

第三单元

学习内容：

1. 事理文的事理关系
2. 理的锤炼与深化
3. 事例的筛选
4. 事理文的结构

学习重点：

1. 利用学习的汉字知识选择正确的字词
2. 事理文的写作

第十课

成熟的过程是那样不堪

新商务汉语阅读与写作教程

下册

 字词扩展训练

请在下列同音或字形相近的字词中选字填空，完成句子

（一）

fàng	fáng	fáng	fǎng	fāng	fǎng	fǎng	fǎng	fāng	páng
放	房	防	访	芳	仿	纺	舫	坊	彷

1. 经过多年的刻苦训练和最近几次的国际比赛实战演习，他们的球队已具备良好的攻_____能力。

2. "人间四月_____菲尽，山寺桃花始盛开"，是写诗人登山时已经是大地春归，花草落尽的时候了，但在高山古寺中，却看到了的一片刚刚盛开的桃花。

3. 中国的民营企业必须自觉走自主创新道路，仅仅靠模_____，一定没有未来。

4. 严峻的考验已在眼前，重重危机之下，中小企业在进退之间_____徨。

（二）

bǎn	bǎn	bān	bǎn	fàn	fǎn	fàn
版	板	扳	舨	饭	返	贩

1. 中国移动北京公司客服中心再次推出购"神州行"卡_____话费活动。

2. "决策失误往往是最大的失误"。"拍_____"对于各级领导来说的确是一门艺术。

3. 吉林省边防人员破获一起特大走私_____卖毒品案。

4. 昨晚，一名男子_____动地铁 5 号线紧急制动开关，导致地铁列车停运 5 分钟。

（三）

qián	qiǎn	jiàn	jiàn	jiàn	jiān	jiàn	xiàn
钱	浅	践	贱	溅	笺	饯	线

1. 我认为，工作没有高低贵_____之分，只要能够实现人生价值，都可以去

尝试。

2. 有研究表明：光_____太暗或太强都能影响人们的正常视力。

3. 我们要从小养成不随地吐痰、不闯红灯、不_____踏草坪的习惯。

4. _____层地能是一种利用地下 100 米左右深度的水的热能资源，进行转换取暖或制冷的新型清洁能源。

（四）

zǔ　zū　zǔ　zǔ　zǔ　cū　jǔ　jǔ　jū
组、租、祖、阻、诅、粗、沮、咀、狙

1. 急功近利、社会利益分配不均等，已经成为_____碍中国经济发展的重要因素。

2. "_____咒"原指祈祷鬼神加害于所恨的人，现在主要指的是咒骂。

3. _____糙的食物可使附着在牙齿表面的食物残渣随_____嚼时产生的摩擦作用而得以清扫，有利于牙齿的自洁。

4. 全省目前已有 1000 多家职业中介机构，其中大部分由政府_____建，每年为 40 多万人次提供求职服务。

（五）

jīng　jìng　jǐng　jīng　jìng　jìng　qīng　jìn
经 、径 、颈 、茎 、痉 、胫 、轻 、劲

1. 近年来，在人民币升值心理预期持续的情况下，大量国际热钱通过合法、非法途_____进入中国内地市场。

2. 近日，关于湖南广电和"淘宝"即将携手的消息在业内不_____而走（没有腿却能跑，形容传播迅速），据称双方高层频频会面，商谈深度合作。

3. 新兴市场的强_____增长将促使新兴市场与发达国家更有力地争夺资源，导致资源价格产生更大波动。

4. 针对高级技术人才短缺造成企业发展瓶_____的问题，我们建议从人才评价体制、待遇等四方面着手，使问题得到缓解和解决。

阅读、词语与结构训练

▶ （一）请在括号内写出、选择正确的汉字

成熟的过程是那样不堪

前些日子，我买了些香蕉，香蕉取回来才发现，摘得早了，还没有成熟。在办公室里放了两天以后，丝毫看不出变化。有同事说，要买一些熟香蕉和它们放在一起，会熟得快。想想觉得有理，我便买了些熟香蕉，放在那几挂香蕉上。可是，又等了两天，熟香蕉表面已经变黑，青香蕉却仍旧"不为所动"。

同事查阅了资料，终于找到方法。将所有的香蕉装入两个纸箱里，并盖了厚厚的一层报纸，上面又搭了一块（**蜜不透风、密不透风**）的布。两天以后打开来发现，最上面的一部分香蕉熟了。

成熟的香蕉表皮发黄，根部微黑，失去了青涩时的光鲜外表。但成熟的香蕉确实是好吃的，剥开来，甜，香，入口的感觉像一段轻音乐，抒情，能形成我们对事物的美好印象。

然而，没有成熟的香蕉还在下面。看着那些没有成熟的香蕉堆在一起的感觉，突然觉得，世间的事大多如香蕉一般，从青涩到成熟的过程，是如此不堪。

曾采访过一个知名偶像派歌手。采访他的时候，他还租住在北京郊区，名声刚给他带来福利，尚没有让他彻底摆脱贫穷。

他在地下室住了九年，在夜店唱歌，在地铁（**走朗、走郎、走廊**）里唱歌，在夜市大排档里唱歌，在公园里唱歌，在别人婚宴或生日宴会上唱歌……最穷的时候，他连坐地铁的钱都没有，买几个馒头，路过卖kǎo（　　）红薯的推车，说上些好话，借着人家的炭火将馒头烘热了，吃上四个馒头，然后步行近20公里回到住处。

他的手被琴弦割破过多次，声带坏过多次，被女友抛弃过多次。谈到这些经历，他笑了笑，说："若没有理想，就没有这些磨难。"

我采访他之前，他刚刚接受了央视的采访，并且节目在央视播出了。他租住的房子没有卫生间，上厕所要去公共卫生间，他说，旁边蹲下来一个人，侧脸看他，说，你不是那谁谁谁吗？

这就是他的现实。

依照日常生活的逻辑，我们总是以为那些光鲜而耀眼的人，从未遇到生活的窘迫。其实，哪一个人没有经历过如香蕉一样的青涩时光呢？那些不为人知的努力，那些（侵、浸）满了汗水和泪水的辛酸，正像被捂在箱子里的香蕉一样，在成熟之前，在味道变得美好之前，沉默无助，承受黑暗的时光、孤寂的等待。

成熟总是意味着经历时间的（磨砺、魔砺、摩砺），比如经冬的麦子，经过季节的变化、温度的起降，才终于灌浆饱满，成为供养我们的粮食。成熟也意味着经过世间所有高温，或承受涅槃般的煎熬，才成为食物。而之前的不堪，注定是我们人生必然伴随的滋味。

来源：《青年博览》2014年第08期   作者：赵瑜   收入时略有删改

（二）请在下列选项中选择正确的答案

1. 青香蕉上面放了熟香蕉以后：

　　A. 熟得很快　　　B. 表面变黑了　　　C. 上面的熟了　　　D. 没有变化

2. 青香蕉是怎么变熟的：

　　A. 自然熟的　　　B. 捂熟的　　　　　C. 催熟的　　　　　D. 没有介绍

3. 作者写青香蕉的目的是：

　　A. 介绍香蕉成熟的方法

　　B. 介绍人成名前不为人知的努力

　　C. 说明成熟的过程非常艰难

　　D. 说明青涩的香蕉不好吃

4.歌手说："若没有理想，就没有这些磨难。"其中没有提到的磨难是?

    A. 在地铁的走廊里唱歌

    B. 最穷的时候没有钱买地铁票

    C. 步行 20 公里回住处

    D. 只能用烤红薯当晚饭

5.本文想告诉我们的是：

    A. 香蕉从青涩到成熟需要时间

    B. 歌手成名很不容易

    C. 成熟前的不堪是必然的经历

    D. 现实和理想有很大差距

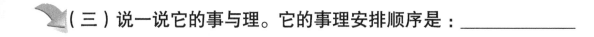 （三）说一说它的事与理。它的事理安排顺序是：＿＿＿＿＿＿＿＿

 # 关于写作观点和事例

 请看下面的短文，并回答问题

沙漠玫瑰的开放

    历史对于价值判断的影响，好像非常清楚。鉴往知来，认识过去才能预测未来，这话都已经说滥了。我不太用成语，所以试试另外一个说法。

    一个朋友从以色列来，给我带来一朵沙漠玫瑰。沙漠里没有玫瑰，但是这个植物的名字叫作沙漠玫瑰。拿在手里，是一蓬干草，枯萎、干的、死掉的草，这样一把，很难看。但是他要我看说明书。说明书告诉我，这个沙漠玫瑰其实是一种地衣，有点像松枝的形状。你把它整个泡在水里，第 8 天它会完全复活；把水拿掉的话，它又会渐渐地干掉，枯干如沙。把它再藏个一年两年，然后哪一天再泡在水里，它又会复活。这就是沙漠玫瑰。

好，我就把这一团枯干的草，用一只大玻璃碗盛着，注满了清水放在那儿。从那一天开始，我跟我两个宝贝儿子，就每天去探看沙漠玫瑰怎么样了。第一天去看它，没有动静，还是一把枯草浸在水里；第二天去看的时候发现，它有一个中心，这个中心已经从里头往外头稍稍舒展开了，而且有一点绿的感觉，还不是颜色；第三天再去看，那个绿的模糊的感觉已经实实在在是一种绿的颜色，松枝的绿色，散发出潮湿青苔的气味，虽然边缘还是干死的。它把自己张开，已经让我们看出了它真有玫瑰形的图案。每一天，它核心的绿意就往外扩展一寸。我们每天给它加清水，到了有一天，那个绿已经渐渐延伸到它所有的手指，层层舒展开来。

第8天，当我们去看沙漠玫瑰的时候，刚好我们的一个邻居也在，他就跟着我们一起到厨房里去看。这一天，展现在我们眼前的是完整的、丰润饱满、复活了的沙漠玫瑰，我们三个疯狂地大叫出来，因为太快乐了，我们看到一朵尽情开放的浓绿的沙漠玫瑰。

这个邻居在旁边很奇怪地说，不就一把杂草吗？你们干吗呀？

我愣住了。

是啊，在他的眼中，它不是玫瑰，它是地衣啊！你说，地衣再美，能美到哪里去呢？他看到的就是一把挺难看、气味潮湿的低等植物，搁在一个大碗里；也就是说，他看到的是现象的本身定在那一个时刻，是孤立的。而我们所看到的是现象和现象背后一点一滴的线索，辗转曲折、千丝万缕的来历。

于是，这个东西在我们的价值判断里，它的美是惊天动地的，它的复活过程就是宇宙洪荒初始的惊骇演出。我们能够对它欣赏，只有一个原因：我们知道它的起点在哪里。知不知道这个起点，就形成我们和邻居之间价值判断的南辕北辙。

不必说鉴往知来，我只想告诉你沙漠玫瑰的故事罢了。对于任何东西、现象、问题、人、事件，如果不认识它的过去，你如何理解它的现在到底代表什么意义？不理解它的现在，又何从判断它的未来？

历史就是让你知道，沙漠玫瑰有它特定的起点，没有一个现象是孤立存在的。

来源：《读与写（高中版）》2007年第02期　作者：龙应台　收入时略有删改

新商务汉语阅读与写作教程

1. 从文章的标题，你能看到作者的观点吗？那么第一段里有作者的观点吗？

_____

2. 这篇文章的为什么要写沙漠玫瑰的"复活"？

_____

3. 这篇文章还有其他事例吗？

_____

4. 作者为什么要写邻居的反应？

_____

5. 请你能总结一下本文的观点：

_____

6. 你能从生活中的事例看到深刻的哲理吗？

_____

 作业

1. 你通过材料的搜集和阅读，确定你要表达的思想或主题是什么？

_____

2. 你为什么要选择这个思想和主题？你自己的人生经历当中有哪些事例可以从正面说明你的观点（或者从反面证明你的观点）？请在这些事例中选择最突出的、最感人的、最新颖的，写成 200 字左右的小作文。

_____

_____

_____

UNIT **3**

第三单元

 学习内容：

1. 事理文的事理关系
2. 理的锤炼与深化
3. 事例的筛选
4. 事理文的结构

 学习重点：

1. 利用学习的汉字知识选择正确的字词
2. 事理文的写作

第十一课
成功只是"再试一次"

字词扩展训练

请在下列同音或字形相近的字词中选字填空，完成句子

（一）

jiǎ jià xiā xiá xiá xiá xiá
假、假、蝦（虾）、霞、暇、遐、瑕（玉上的斑点、比喻缺点）

1. 不是我不努力做好这些，是我无_____兼顾这么多事情。

2. 绘画作品《海的气息》在柔和的灯光下，发人深思，令人_____想，强烈地吸引着观众。

3. 虽然我们还有技术上的问题，但白璧微_____，今年我们的工作成绩还是最主要的。

4. 晚_____满天，映红了河水。

（二）

zào sào zào zào zǎo zǎo cāo
躁 、臊 、噪 、燥 、澡 、藻 、操

1. 前面的住房阳光好，但_____音严重，马路上人来车往，到深夜才能安静下来。

2. 遇到麻烦事不能急_____，因为它不能解决问题。

3. 北京的冬季，干_____多风，房间里一般要采取一些加湿措施。

4. 一套高功能的 XY2 语言使得数控机床的使用变得十分简单，有初中文化程度的人只要训练几天就可以掌握_____作方法。

（三）

qī qī qí qí qí jī jī
期、欺、棋、祺、琪、箕、基

1. 现代人写信一般多写"恭祝身体健康，万事如意"之类的祝贺语，而很少

使用过去的文言词，比如："顺祝商_____""祗（zhī 恭敬）请春禧"等。

2. 我喜欢用地_____工程来形容孩子的成长与学习。当我们在看一栋高楼时，看不到它，但我们能够想象，一栋稳固的大楼，它一定又深又坚固。

3. 民间借贷的疯狂增长暗藏危机，很多借款一再延长还款_____限，但生产和销售不利，一些私企只能做到按时归还利息。

4. 在遇到商业_____诈的时候，你必须运用法律、法规来维护自己的权益。

5. 中国人民银行决定，自 10 月 20 日起上调金融机构人民币存贷款_____准利率，一年期存款利率上调 0.25 个百分点。

（四）

jù jǔ jù jù jù jù guì
巨、 矩、 距、 拒、 炬、 苣、 柜

1. 孔子生于公元前 551 年，_____今已经 2500 多年了。

2. 我常常看到抗_____父母的孩子，他们泡网吧其实是为了抵抗父母的操控。

3. 本世纪，人类利用、改造环境的能力空前提高，规模逐渐扩大，创造了_____大的物质财富。

4. 要建立一整套严格的约束机制，让干坏事的人付出沉重的代价，守规_____的人得到好处，改变目前社会信用体系的建立缺乏法律基础的状况。

（五）

péi péi péi bèi bèi pōu
陪 、 培 、 赔 、 倍 、 焙 、 剖

1. 专业的 IT 技能_____训，结合丰富的项目实践，助你事业有成，步步高升。

2. 在一年一度的车展上，年轻漂亮的模特，吸引了人们的视线，以致我们开始怀疑：究竟谁是谁的_____衬！

3. 这种咖啡是使用炭火烘_____而成的，口味更加香醇。

4. 美国商标法中对故意侵权行为实行一种加重_____偿原则。

阅读、词语与结构训练

02

（一）请在括号内写出、选择正确的汉字

成功只是"再试一次"

有一个有趣的实验：鲹鱼是鲦鱼的天敌，生物学家把鲹鱼和鲦鱼放进同一个玻璃器皿，然后用玻璃板把它们隔开。开始时，鲹鱼兴奋地朝鲦鱼进攻，渴望能吃到自己最喜欢的美味，可每一次它都"guāng（　　）"地碰在玻璃板上，不仅没有捕到鲦鱼，而且把自己碰得头昏脑胀。碰了几十次壁后，鲹鱼放弃了。当生物学家悄悄地将玻璃板抽去之后，鲹鱼对近在眼前、唾手可得的鲦鱼却（**熟视无堵、熟视无赌、熟视无睹**）。即便那条肥美的鲦鱼一次次地擦着它的唇（**腮、鳃**）不慌不忙地游过，即便鲦鱼的尾巴一次次扫过它饥饿而敏捷的身体，碰了壁之后的鲹鱼却再也没有了进攻的欲望和信心。几天后，鲦鱼因有生物学家供给的（**司料、伺料、饲料**）依然自由自在地畅游着，而鲹鱼却已经翻起雪白的肚皮piāofú（　　）在水面上了。

鲹鱼只因为数次的pèngbì（　　），便放弃了努力，最终饥饿而死。鲹鱼固然可悲可笑，然而，生活中的我们是否也当过那一条"鲹鱼"呢？一点点风浪就使我们弃船上岸，一次小小的碰壁就使我们裹足不前，一次小小的打击就使我们放弃了一切梦想和努力……许多时候，我们失败的真正原因在于：面对近在眼前的已被抽掉"玻璃板"的"鲦鱼"，我们没有去"再试一次"。

这让我不由地想起了另一个故事。有一个人被困于（**山崖、山涯**）上，背包里只剩下一点点的食物和一条带钩的（**绳锁、绳索、绳缩**）。那个人心想："现在必须用绳子钩在石缝中，爬上崖顶，才能脱困。"于是他把绳子尽力往上扔，但是没有钩住什么，他又试了一次，还是没钩住什么。他又继续试了许多次，都没

有钩住石头。天色已渐渐地暗下来,他想:"再试一次,或许能成功。"可还是没有成功。这时,他已经累得精疲力尽,肚子也饿得"gūgū（　　　）"叫。他拿起所剩不多的食物,狼 tūn（　　　）虎咽一扫而光。吃完后,疲惫的他沉沉地睡去。第二天醒来,他鼓起勇气继续扔,可如昨天的情况一样都失败了。他瘫坐在地上,心情沮丧,甚至想过就此放弃,但内心一种声音在 hūhuàn（　　　）:"再试一试,再试一次。"他强迫自己站起来,继续将绳子用力向上抛……终于,铁钩钩住了石头。他用力拉了拉,确保足够牢固后,顺着绳子爬了上去……

生活中常常会有这样一些规律:登山的难度不在于脚下开头的几千米,而在于即将登顶的几十米甚至几米;走出死亡沙漠的不一定是跑得最快的人,而是坚信自己能够活着走出去,并朝着一个方向坚定不移地走下去的人。人生的道路不可能一帆风顺,挫折与困难在所难免,但关键是当你多次努力没有成功时,还能否继续,能否坚持"再试一次"。

（二）请在下列选项中选择正确的答案

1.鲦鱼始终没有被它的天敌鲮鱼吃掉是因为:

    A. 它们不在同一个玻璃器皿

    B. 生物学家用玻璃板把它们隔开了

    C. 鲮鱼看不到它前面鲦鱼

    D. 多次失败后鲮鱼放弃了吃鲦鱼的努力

2.鲮鱼对近在眼前、唾手可得的鲦鱼却熟视无睹。其中"唾手可得"的意思是:

    A. 伸出手就能得到   B. 张开手就能抓到

    C. 努力一下就能得到   D. 空手很难得到

3.鲮鱼却已经翻起雪白的肚皮漂浮在水面上的意思是?

    A. 鲮鱼死了   B. 鲮鱼非常好看

    C. 鲮鱼在水面上游   D. 鲮鱼下沉到水底

4.登山者为什么要向上扔绳索？

    A. 他要试一下钩子好不好用　　　B. 他要摆脱困境

    C. 他背包里剩下的食物不多了　　D. 作为登山者他应该登顶

5.文章写了两个相反的故事是为了告诉我们什么？

    A. 在困难面前不能裹足不前

    B. 人生会遇到各种情况

    C. 人生千姿百态

    D. "再试一次"也许就是人生成功的秘诀

（三）说一说它的事与理。它的事理安排顺序是：＿＿＿＿＿＿＿

关于事理文的结构与事理关系
03

简单的事理文结构：事—理；

               理—事—理

复杂的事理文结构：事—理—事—理……；

               理—事—理—事—理……

    总之是结束在"理"上，但开始可以讲理，也可以叙事。

事理关系： 以"事"说"理"（目的是用事情来说明道理）

           从"事"到"理"（以"事"开篇，目的是引出道理）

文章结构训练：《感谢你的敌人》
04

请按照合理的事理安排顺序为下面的段落排序

1.这位动物学家终于明白了：东岸的羚羊之所以强健，原来是因为在它们附近生活着一个狼群；西岸的羚羊之所以弱小，正是因为缺少了这么一群天敌。

2. 因此，在现实生活中，没有必要憎恨你的敌人。若深思一下，你也许会发现，真正促使你成功让你坚持到底的、真正激励你让你昂首阔步的，不是顺境和优裕、不是朋友和亲人，而是那些常常可以置人于死地的打击、挫折，甚至是死亡的威胁。

3. 对这些差别，这位动物学家曾百思不得其解。因为这些羚羊的生存环境和属类都是相同的——全属羚羊科，并皆生长在半干旱的草原地带；饲料来源也一样——全以一种叫莺萝的牧草为生。

4. 现实就是这样：造物主不让处处一帆风顺、事事顺心如意，没有困难、没有厄运，甚至连愤怒和烦恼都没有的人成为强者、成为栋梁、成为伟人。那么，请感谢你的敌人！

5. 有一年，他在动物保护协会的赞助下，在东西两岸各捉了 10 只羚羊，并把它们送往对岸。结果，运到西岸的 10 只羚羊一年后繁殖到 14 只，运到东岸的 10 只一年后只剩下 3 只，那 7 只全被狼吃了。

6. 一位动物学家对生活在非洲大草原奥兰治河两岸的羚羊群进行过研究。他发现：东岸羚羊群的繁殖能力比西岸的强，奔跑速度也不一样，每分钟要比西岸的快 13 米。

7. 没有天敌的动物往往最先灭绝；有天敌的动物则会逐步繁衍壮大。大自然中的这一悖论在人类社会中也同样存在。汤武（商朝和周朝的建立者）因为有残暴的桀纣（夏朝和商朝的最后一代帝王，以残暴著称）作敌人而取得了拥护者；刘邦（汉朝的建立者）因为项羽（曾与刘邦争天下，是历史上著名的楚汉之争）的谨小慎微而得到天下……换个角度讲：真正使罗马帝国灭亡的正是因为没有强大的对手；在东方的秦帝国，建立不久就迅速覆灭，可以说也是出于同样的原因。

顺序：＿＿＿＿＿＿＿＿＿＿＿＿＿＿＿＿＿＿＿＿＿＿＿＿＿＿＿＿＿＿＿＿＿＿

留学生作文选

05

请看下面学生作文，看看对你是否有所启发，画出并试着修改其中的语病

成功之路——坚持和忍耐

田晶宇（韩国）

有一个村子连续几年干旱。村民都盼望着下一场雨，可几年来一颗雨都不下，他们只能依靠着井水坚持生活。最初，虽然不下雨，但挖一口井，水便喷涌出来。过了几年后，这严重的干旱将那些井干涸掉，而且挖几口才能得到一点点的水。村民每天的工作都是找新一口井，但很长时间都没有看过像以前那样喷涌出水来的井。更严重的是，村民之间为了确保更多的井水开始竞争，发生矛盾。这些事情让所有的村民、尤其让村长忧心忡忡。

有一天，一个小伙子来到这个村子，开始挖井。村民都知道那个地方是自己都试过的地方，所以他们忽视这个小伙子。过了几天，村子里所有的人都看到了奇迹。从这小伙子挖的井里水喷涌起来呢！

村长和村民都很惊叹着问："你到底怎么看出来从哪儿能出来水呢？""我根本就看不出来。"他笑着回答道："只是到水出来的时候挖下去的。"

现在很多人认为机会是最重要的，以为找到一个最合适的地方，挖了不久就能看到喷涌出来的井水。但比较多的成功者都认为，找到最好的机会不是最重要的，而是关键在于多么坚持下去。人们多用"跳槽"这两个字以来，光重视机会的人越来越多了。尤其是年轻人之间，这样的现象更为突出。

据首尔 96 家用人单位的统计显示，毕业生毕业后 3 年内跳槽率达到 70%。也就是说，进入一个公司的年轻人，三个人之中两个以上都在 3 年内辞职。而且，他们大部分都因小矛盾或困难而辞职的。这都说明很多年轻人已经失去了诚信，是对自己的工作不负责任的表现。

　　成功者一般找别人不走的路而走，从别人认为根本出不来水的地方挖掘到很深的一口井。这种事实告诉这时代的年轻人需要一定的精神改善，应该培养坚持和忍耐的精神。

　　以前，美国斯坦福大学的一个教授曾经做过一个实验。实验的对象是四五岁的小孩，当时参加这个实验的小孩大约600个人，这个实验的题目是"满足宽缓"，是关于小孩的欲望和自制能力的实验。安排每一个小孩在一个房间里，然后看起来很善良的女人进这个房间里去，放着一颗小的棉花糖说："现在我出去了，15分钟后回来。到那时候你不吃这颗棉花糖，我就给你再送一颗了"。虽然一刻钟的时间很短，但是对四五岁的小孩来说，没人控制自己的房间里，眼前有一个好甜的棉花糖，忍耐15分钟并不是短的时间。

　　过了10年以后，研究员再找了当时参加过实验的小孩，可他们找到的人数只其中的1/3。但是，他们发现了很有意义的结果。等了一刻钟再得到一颗棉花糖的小孩跟不能做到的小孩相比，成长过程中有很明显的差异。他们的学习成绩比较优秀，跟朋友们的关系也很圆满，排除压力能力也很强。只是很短的一刻钟时间，但和满足于眼前棉花糖的小孩相比，忍耐住诱惑的小孩更成功地成长。

　　不少成功者不满足于眼前很小的棉花糖，相信今天不吃的棉花糖明天变大回到我的手里。虽然不知道具体什么时候，但是具有有朝一日这小的棉花糖一定会成为很大成功的信念。这一切都是一个人能走成功之路的秘诀。

　　有人说过，用显微镜看成功这两个字就能发现，是很多极小的坚持和忍耐两个词来组成的。我们只有具备这两个词才能获得成功，能走上成功之路。

作业

1. 请针对发现的问题，进一步完善你的"事"与"理"。

2. 改写留学生作文中不合适的词语或不正确的句子。（5处以上）

UNIT 3

第三单元

学习内容：

1. 事理文的事理关系
2. 理的锤炼与深化
3. 事例的筛选
4. 事理文的结构

学习重点：

1. 利用学习的汉字知识选择正确的字词
2. 事理文的写作

第十二课
没有信誉就没有生存

下册

 字词扩展训练

请在下列同音或字形相近的字词中选字填空，完成句子

（一）

gān	gǎn	gǎn	gān	gǎn	hàn	hǎn	hàn	xuān
肝	赶	杆	竿	秆	汗	罕	旱	轩

1. 明年，我们的工作目标是加快工业发展步伐，为实现转型、升级、跨越、_____超目标奠定坚实基础。

2. 随着我国城市的快速发展，城市交通不堪重负。城市人流车流对公共交通设施的刚性需求不可逆转，这就大大压缩了价格杠_____发挥作用的空间。

3. 岗山县计划筹资修建水利设施，以应对经常发生的干_____洪涝灾害。

4. 在 2011 年的最后一个月，_____见的天文奇观轮番登场："红月亮"、双子座流星雨和小熊星座流星雨，让我们大饱眼福。

（二）

xiāo	xiāo	xiāo	xiāo	xiāo	xiāo	xiāo	shào	qiào	qiào	qiāo
消	销	宵	霄	硝	逍	削	哨	俏	峭	悄

1. 药品监管部门对特殊药品的购进、使用、存储乃至过期药品的_____毁进行全方位管理，可以有效防止它们流入非法渠道。

2. 有关部门要求春运工作：提前准备，_____除隐患，确保畅通。

3. 很多市民通_____达旦网购年货等促销商品，让网购在年前迎来了又一个高潮。

4. ERP（企业资源计划）管理系统，推进科学管理，带给杨帆集团一场_____然无声的管理革命。

（三）

gé　gē　gé　gè　gē　gè　gé　hé
格、咯、阁、铬、胳、硌、骼、貉

1. 中国工商银行正式被伦敦金银市场协会（LBMA）授予全能会员资_____，成为国内首家以总行名义加入伦敦金银市场协会的商业银行。

2. 整幅作品视觉开阔，_____调典雅，颇具艺术气质，值得收藏。

3. 新总理本月将完成组_____，并争取必要的信任投票。

4. 啤酒中富含对骨_____形成有帮助的硅元素，适量饮啤酒有助于提高骨密度，防止骨质疏松。

（四）

yàng　yàng　yǎng　yáng　yǎng　yáng　xiáng　xiáng　xiáng
样　、烊　、痒　、洋　、氧　、佯　、祥　、详　、翔

1. 我感觉现在的年轻人工作热情大不如前，看见领导来了就装模作_____地工作，领导一走，马上上网、聊天或是看网络电影。

2. 违规的低成本和违法的高利润形成巨大诱惑，那种无关痛_____的处罚是造成违法行为屡禁不止的主要原因。

3. 计划制定得再周_____、完善，也需要依靠具体的部门和人来执行。执行力的差异决定了计划完成的结果。

4. 参加活动的志愿者用自己的爱心与行动，让人性中最美好的精神展翅飞_____。

（五）

wéi　wéi　wéi　wěi　wěi　wěi　huì
违　、围　、闱　、纬　、伟　、苇　、讳

1. 这里的岸边长满了芦_____，它的叶子包粽子有一股清香味。

2. 过度营销炒作的结果可能事与愿_____：人们期望越高，失望也就越多。

3. 北京市区的地理坐标为：东经 116.3°，北_____ 39.9°。

4. 资产市场泡沫不可避免，不必＿＿＿＿＿言，也不必反应过激。

 阅读、词语与结构训练

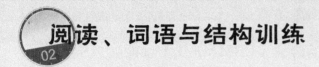（一）请在括号内写出、选择正确的汉字

没有信誉就没有生存

有一个在德国华人中流传甚广的传说，说是我们的一名留学生，毕业时成绩极为优异，理所当然地留在德国四处求职。拜 fǎng（　　）过很多家大公司，全都被拒绝，搞的他很伤心，很 nǎo（　　）火，又没有别的办法，总不能让肚皮饿着吧？狠狠心咬咬牙，收起高才生的架子，选了一家小公司去求职，心想，无论如何这次再也不会被有眼无珠的德国佬赶出门啦！

结果呢？小公司虽然小，仍然和大公司一样很有礼貌地拒绝了他。高才生忍无可忍，终于 pāi（　　）案而起："你们这是种族（**奇视、歧视**）！我要控……"对方没有让他把话说完，低声告诉他："先生请不要大声说话，我们去另外的房间谈谈好吗？"

他们走进无人的房间，德国佬请愤怒的留学生坐下，为他送上一杯茶水，然后从档案袋里抽出一张纸，放在他面前。留学生拿起里看了看，是一份记录，记录他乘坐公共汽车曾因逃票被抓住过3次。他很惊讶，也更加气愤：原来就是因为这么点儿鸡毛蒜皮的事，小题大做！

在德国，抽查逃票一般被抓住的几率是万分之三，也就是说你逃一万次票才可能被查获3次。这位高才生居然被抓住3次逃票，在严肃严谨的德国人看来，大概就是永远不可（**饶恕、饶茹**）的。

当初听见这件事时，只是想我们这个留学生不该贪小便宜以至于因小失大。直到最近，不断听人说起，国际经济就是信誉经济，似乎才明白了德国人为什么

把那件逃票的小事看得那么重要——一个人在三毛两角的蝇头小利上都靠不住，你还能指望在别的事情上可以信赖他吗？一旦受到金钱美女的（**有货、诱惑、绣域**），你怎么敢信任他不出卖你、不出卖公司的利益呢？一旦将银行的钱借给了他，你能确信他会还回来吗？一旦 qiān（　　）了合同你能信赖他会不 zhé（　　）不扣地（**履行、旅行、律行**）吗？

一个人的信誉、人格当然要靠自觉去树立，但一味强调自觉只能说明这个社会还不成熟，还太软弱。因为，如果只凭自觉，怕是很难保证人人都自觉。其结果只能是越来越放纵。放纵的结果是卑鄙的人不断获利，而真正自觉的人只能越来越吃亏。

还听人说过，在新加坡机场看见过我们的同胞拿着机票没有登上飞机，因为有证据表明，他借阅的图书还没有归还图书馆。而那些曾经在新加坡有过 liè（　　）迹的，只要他还用他的真名，他就别想再 tà（　　）上那片国土，因为他从前的（**行径、行静**）都已经记录在案，有关部门随时都能查到。

一个成熟的社会，一个有力量的社会，不但要考察每一个人，而且还要为他们建立必要的档案，这个必要的档案能够向有关方面证实你的可信度。只要有证据表明你是一位信誉良好的人，信誉就是你的通行证，你就可以受人尊敬地（**畅、唱**）行于这个文明社会。如果你不讲信誉呢？只要你敢欠钱不还，或者你敢乘车逃票、撕毁合同、偷税漏税、说谎骗人，总之，只要你有一次不讲信誉，你就会上了没有信誉者的黑名单，你就会失去许多许多机会，银行当然不可能再借钱给你，再没有人愿意跟你合作，邻居都要躲着你，自然也没有人愿意跟你做朋友，你在这个文明社会就难以立足。

只有当这个社会不但有舆论，而且有措施（**诚挚、惩治**）那些没有信誉的人时，这个社会才是（**健全、建全**）的，我们也才能被人家信赖，我们才能够真正参与到国际经济之中去。

来源：《北京纪事》2001 年第 23 期　作者：叶公　收入时略有删改

（二）请在下列选项中选择正确的答案

1. 留学德国的高才生在德国找不到工作是因为：

A. 他的学习成绩不好

B. 德国人有眼无珠

C. 德国存在种族歧视

D. 他有逃票记录

2. 德国人把那件逃票的小事看得那么重要，是因为他们认为：

A. 小利都靠不住，别的也不能信赖

B. 他不出卖你、不出卖公司的利益

C. 他会不折不扣地履行合同

D. 它是鸡毛蒜皮的小事

3. 作者认为一个人的信誉和人格：

A. 应该靠自觉来树立

B. 应该保证人人都自觉

C. 不能只靠自觉来树立

D. 应该越来越放纵

4. 在新加坡机场某人拿着机票没有登上飞机，是因为：

A. 他有过劣迹

B. 没有归还借阅的图书

C. 他想再踏上那片国土

D. 他从前的行径都已经记录在案

5. 本文是想论述什么？

A. 坐车应该买票不应该逃票，这样才能找到工作

B. 应该及时归还借阅的图书，否则就不能离开新加坡

C. 没有信誉你在这个文明社会就难以立足

D. 没有信誉就没有生存，而树立信誉不能只靠自觉，还要有惩办措施

（三）说一说它的事与理。它的事理安排顺序是：_____

文章结构训练：《神奇的鹅卵石》

03

请用合理的事理顺序为下面的段落排序

1. 他们按照神谕走了一天。晚上扎营时他们把手伸进袋子，发现鹅卵石变成了钻石。他们兴高采烈，因为得到了钻石；他们又很悲哀，因为没有收集更多的鹅卵石。

2. 艾伦上八年级的时候，总是惹是生非，不时被短期停学。他对如何欺小凌弱深有研究，在偷窃方面更是个高手。

3. 有天晚上，一群游牧民正想扎营休息，突然被一道强光所笼罩。他们知道神出现了。带着热切的希望，他们等待着神的重要启示，知道那是神特别赐予他们的。

4. "为什么我们要学这些愚蠢的东西？！"多年来我在教室里听到学生的抱怨和疑问中，这句话是最常出现的。

5. 所以我想对你说：尽可能多地收集鹅卵石，然后，你就可以期待一个充满钻石的未来。

6. 众多游牧民又是失望又是气恼：他们指望神会向他们解释宇宙间的伟大真理，以使他们借此创造财富，获得强健体魄，并号令世界，可没想到竟然派给他们如此卑下的工作，简直叫人莫名其妙。但无论如何，到访者的光辉也是使人难忘的。他们便各自捡来几块鹅卵石放在袋子里，尽管他们一边还在不情愿地嘟哝着。

7. 对这些日常惯例，没有人比艾伦抱怨得更凶，直到他被开除的那天为止。有五年，我没有他的任何音讯，直到有一天他打电话给我。他在附近一所学院上一个专门的培训班，他的假释期已满了。他告诉我，他因干了坏事被送进少教院，后来又被送到加州青少年监狱。当时他对自己非常厌恶，甚至拿了剃须刀割腕自杀。他说："你知道，舒拉特先生，我躺在那儿，生命正离我的身体而去。突然，我想起那句有一天你让我写了 20 遍的无聊语录：'没有所谓失败，除非不再尝试。'那一刻，我突然明白了它的意义。只要我还活着，我就没有失败；但如果我让自己死掉，我就完全成了失败者。所以，我用最后的力气求救，开始了新的生活。"

8. 在我教学生涯的早期曾有一个学生叫艾伦，他的经历印证了这则故事中的真理。

9. 终于，那个声音说："尽量收集鹅卵石，装在袋子里。行走一天之后，到明晚，你们将兴高采烈，也将感到悲哀。"

10. "没有所谓失败，除非不再尝试。"——最初的鹅卵石，在他危急时刻，需要指引时变成了钻石。

11. 我通常给他们讲下面这则传奇故事作为回答。

12. 我每天都让学生背一条伟大思想家的语录。点名时，我就念某一条语录的开头部分。学生只有背出后面的部分才算出勤。"爱丽丝，'没有所谓失败，除非……'""'不再尝试。'到，舒拉特先生。""罗伯特，'如今的人们对价钱了如指掌，对真正的价值却……'""'一无所知。'到，舒拉特先生。"这样，到年底，这些学生将能背出 150 条语录。

顺序：_____

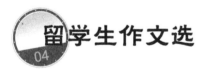

留学生作文选

> 请看下面学生作文，看看对你是否有所启发，画出并试着修改其中的语病

个人的行为代表他的国家

蔡夏瑛（韩国）

随着社会全球化的不断深入，越来越多的人在国界间自由流动起来。国际产

业结构所引起的各国人才与劳动力的流动，加上旅游业的发展带来了每年出国人数增加的趋势，在一个国家的街道上碰见一个外国人已经是屡见不鲜的事。近年来，除了这些人的流动以外，还有一群大量的流动，这就是在国外学习的留学生的流动。就中国情况看，只 2005 年来华留学人数达 14 万人以上，今年来华留学生应该是更多。

10 年前，我第一次去西方国家——加拿大，我在那儿上了高中和大学。加拿大是一个移民大国，所以我在那儿见到世界各国的人，并接触了他们的不同文化与习惯。不仅仅是移民家族，也有了不少留学生学英语，尤其是像我一样的十几岁的青少年特别多。当时，在多伦多韩国留学生非常多，所以一般情况来看，去哪儿都会遇到韩国学生。因为我是在日本长大，在那见到那么多韩国学生的时候，我为祖国感到有点骄傲，真没想到韩国是个那么开放的国家。但，随着时间的随移，我对他们的行为多次失望，甚至我欺上瞒下自己的身份。

有一次，我在"星巴克"点咖啡时，那里的服务员对我怎么一句话也不说，连眼也不看，如果是正常情况下的话，应该说'您需要什么？''大杯还是小杯？''一共 3.75 元，谢谢'等，可是她什么都没说，只指示着计算机上的数字。我有点心慌，心里想着：她是个哑巴？怎么能在这打工？我拿了咖啡后找座位时，在后边听到一股很善良的声音，我回头看，倒是那个"哑巴"服务员的声音。我心里多云转阴：她在种族歧视，难道加拿大不是个移民国吗？我感到很不公平，但又不敢说什么，当时只想找个地方隐身自己就回家了。后天，我的英语老师听了我的话后很生气地拉着我进了那个店并让我点两杯咖啡。果然，服务员的态度跟前天一样，那个时候我的英语老师对她说："因为你，我的学生觉得加拿大人是种族歧视者，你说怎么能纠正她的想法？"

后来我知道了：原来那个服务员特别讨厌韩国人，每次韩国客人来她都会那样冷淡对待。之所以她那么讨厌韩国人，是因为有些韩国留学生点咖啡时，声音太小又听不懂英语，问也什么都说不出来，但说自己语言时，大声吵闹乃至店里的桌上常常乱写乱画。在她看来，韩国留学生只跟韩国人交往不练英语，学英语几年也没有任何进步，他们只知道大手大脚地花父母的钱，勤工俭学的她的眼里韩国学生是个白痴一样。

现在，我又来到另外国家——中国，我心里有着与十年前一种似曾相识的感觉"DÉJÀ VU"。提到不文明的行为，只看我们校边也能举出一大堆例子。不仅是韩国人，来华留学的许多外国人也不例外。如上课常常迟到、旷课，上课中随便跑出去抽烟、吃东西、聊天，甚至睡个觉。有些外国人批评：中国人不遵守交通法规随便过马路、路地上随口吐痰、随时随地抽烟、扔掉垃圾等，那么我想问他们：'请问，你们呢'？如果，我们认为那种行为是不可支持的，那我们应该带头指导、当作典范，而不是一起违法过马路、地上吐痰、扔下垃圾。这样的话，我们不是都成为目击者、受害者、参与者的吗？

我认为一个人从他的个体价值来看，他的言行他的所作行为代表的只是他个人的行为、个人的品德个人的价值。但是，一旦出了国，个人价值就成为整体价值，个人行为就成了整体行为。个人言行、行为，除了代表自己还代表国家，是国家的"形象"，是国家的"行为代表"。如果把一切不文明的行为表现在外国人眼中，留给外国人，损坏的就不仅是个人的形象，而是自己国家的形象。

我希望，每个人都能从自己小事做起，承诺自己的不道德行为，习惯化为人着想的态势，而且还提醒身边的那些不道德的国人，从而共同培养良好的心态。

作业

请试着设计你事理文的开头、结尾。并试着根据你的"事"归纳或修改你的"理"，或根据你的"理"，完善你的"事"。

单元练习

一、看下面的短文，总结一下，它们可以提炼出哪些写作观点或论点

（一）

几个人在岸边垂钓，旁边几名游客在观赏海景。只见一名垂钓者竿子一扬，钓上了一条大鱼，足有一尺多长，落在岸上后，仍腾跳不止。可是钓者却用脚踩着大鱼，解下鱼嘴内的钓钩，顺手将鱼丢进了海里。围观的人发出一片惊呼，这么大的鱼还不能令他满意，可见垂钓者雄心之大。就在众人屏息以待之际，钓者鱼竿又是一扬，这次钓上的还是一条一尺长的鱼，钓者仍是不看一眼，顺手扔进海里。

第三次，钓者的钓竿再次扬起，只见钓线末端钩着一条不过几寸长的小鱼。众人认为这条鱼也确定会被放回，不料钓者却将鱼解下，将鱼小心地放回身后的鱼篓中。

众人百思不得其解，就问钓者为何舍大而取小？钓者答复说："因为我家里最大的盘子只不过有一尺长，太大的鱼钓回去，盘子也装不下。"

观点：_____

_____

（二）

近日，看到一则故事：一位著名的推销大师做告别职业生涯演说，他请人在会场上为他搭起了高大的铁架，中央吊着一个巨大的铁球。然后，他让两个年轻力壮的人用大铁锤去敲打那个吊着的铁球，直到把它荡起来。可两个年轻人费了很大的劲，把吊球打得叮当响，铁球却纹丝不动。这时推销大师从口袋里掏出一个小锤，不慌不忙有节奏地敲了起来。时间一分一秒地过去了，大家都不解其意。大概到了40分钟的时候，人们发现球动了。随后，一个让大家不可思议的现象发生了：吊球在他一锤一锤的敲打中越荡越高，他成功了！他整场演讲只有一句话：在成功的道路上，你没有耐心去等待成功的到来，那么，你只好用一生的耐心去面对失败……

观点：_____

_____

（三）

加拿大魁北克有一条南北走向的山谷。山谷没有什么特别之处，惟一能引人注意的是它的西坡长满松、柏、女贞等树，而东坡却只有雪松。这一奇异景色之谜，许多人不知所以，然而揭开这个谜的，竟是一对夫妇。

1993年的冬天，这对夫妇的婚姻正濒于破裂的边缘，为了找回昔日的爱情，他们打算做一次浪漫之旅，如果能找回就继续生活，否则就友好分手。他们来到这个山谷的时候，下起了大雪，他们支起帐篷，望着满天飞舞的大雪，发现由于特殊的风向，东坡的雪总比西坡的大且密。不一会儿，雪松上就落了厚厚的一层雪。不过当雪积到一定程度，雪松那富有弹性的枝丫就会向下弯曲，直到雪从枝上滑落。这样反复地积，反复地积，反复地弯，反复地落，雪松完好无损。可其他的树，却因没有这个本领，树枝被压断了。妻子发现了这一景观，对丈夫说："东坡肯定也长过杂树，只是不会弯曲才被大雪摧毁了。"

少顷，两人突然明白了什么，拥抱在一起。

观点：_____

_____

（四）

一天，苏格拉底带领几个弟子来到一块麦地边。那正是成熟的季节，地里满是沉甸甸的麦穗。苏格拉底对弟子们说："你们去麦地里摘一个最大的麦穗，只许进不许退。我在麦地的尽头等你们。"

弟子们听了老师的要求，就陆续走进了麦地。

地里到处都是大麦穗，哪一个才是最大的呢？弟子们埋头向前走。看看这一株，摇摇头；看看那一株，又摇摇头。他们总以为最大的麦穗还在前面、总以为机会还很多，完全没有必要过早地定夺。

弟子们一边低着头往前走，一边用心地挑挑拣拣。经过了很长一段时间，突然，大家听到苏格拉底如同洪钟一般的声音："到头了。"这时两手空空的弟子们才如梦初醒。

观点：_____

_____

（五）

佛学院的一名禅师在上课时把一幅中国地图展开，问："这幅图上的河流有什么特点？"

"都不是直线，而是弯弯的曲线。""为什么会是这样呢？也就是说，河流为什么不走直路，而偏偏要走弯路呢？"禅师继续问。

学僧们七嘴八舌地议论开了，有的说，河流走弯路，拉长了河流的流程，河流也因此能拥有更大的流量，当夏季洪水来临时，河流就不会水满为患了；还有的说，由于河流的流程拉长，每个单位河段的流量就相对减少，河水对河床的冲击力也随之减弱，这就起到了保护河床的作用……

"你们说的这些都对"，禅师说，"但在我看来，河流不走直路而走弯路，最根本的原因就是，走弯路是自然界的一种常态，走直路而是一种非常态。因为河流在前进的过程中，会遇到各种各样的障碍，有些障碍是无法逾越的，所以，它只有取弯路，绕道而行，也正因为走弯路，让它避开了一道道障碍，最终抵达了遥远的大海。"

观点：_____

_____

（六）

美国《幸福》杂志曾在征答栏中刊登过这样一个题目：假如让你重新选择，你做什么？一位军界要人的回答是去乡间开一个杂货铺；一位女部长的答案是到哥斯达黎加的海滨经营一个小旅馆；一位市长的愿望是改行当摄影记者；一位劳动部长想做一家饮料公司的经理。几位商人的回答最离奇，一位想变成女人，一位想成为一条狗。更有甚者，想退居山野变为植物。其间，也有一般百姓的回答，想做总统的，想做外交官的，想做面包师的，应有尽有。但是，很少有人想做现在的自己。

观点：_____

_____

（七）

一位先生在报纸上登了一则广告，要雇一名勤杂工到他的办公室做事。约有五十多人闻讯前来应招，但这位先生却只挑中了一个男孩。"我想知道"，他的一个朋友问道，"你为何喜欢那个男孩？他既没带一封介绍信，也没受任何人的推荐。"

"你错了"，这位先生说，"他带来许多介绍信，他在门口蹭掉脚下带的土，进门后随手关上了门，说明他做事小心仔细。当看到那位残疾老人时，他立即起身让座，表明他心地善良，体贴别人。进了办公室他先摘下帽子，回答我提出的问题干脆果断，证明他既懂礼貌又有教养。其他所有人都从我故意放在地板上的那本书迈过去，而这个男孩却俯身捡起那本书，并放回桌子上。当我和他交谈时，我发现他衣着整洁，头发梳得整整齐齐，指甲修得干干净净。难道你不认为这些小节是极好的介绍信吗？我认为这比介绍信更为重要。"

　　观点：_____

_____

　　提示：如果你对这些观点非常认同或者你还没有找到理想的哲理故事，那么这些哲理故事可以用在你后面的单元写作里。

二、写作文面格式要求

　　—— 标题居中；

　　—— 姓名写在标题下面的一行，可居中，也可偏右；

　　—— 按一定的原则分段；

　　—— 每段开头空两格；

　　—— 标点符号占一格，并遵守标点符号的标、点要求……

三、标点符号练习——书名号（《　》）、括号（（　　））

　　《　》的用法：书名、文章名、报刊（包括栏目）名称，影视、戏曲、绘画、雕塑作品的名称，晚会名称、法规名称等都需要加《　》，与正文其他部分区别开。如：《人民日报》《开心就好》《清明上河图》（绘画）《思想者》（雕塑）《春节联欢晚会》《中华人民共和国宪法》。书名号中再用书名号，用单书名号（〈　〉）。如：《读〈从此以后〉有感》。

"（ ）"的用法：对文章中的词语或句子进行注释说明时使用。注释句子里某个词语时，括注紧贴在被注释的词语后面；注释整个句子的，括注放在句末标点之后。如：中国猿人（全名为"中国猿人北京种"）的发现是中国对古人类学的一个重大贡献。/ 写研究性文章跟文学创作不同，不能摊开稿纸搞"即兴"。（其实文学创作也要有素养才能有"即兴"。）注意：与"——""："等注释说明的用法不同，"（ ）"注释说明的内容可以从句子中拿走而不影响句子本身的完整性。

1. _____北京晚报_____ 20 版上题为_____央视电视频道国产新片大集结_____一文中提到的多部影片_____黑日危机_____闻香识女人_____佐罗的面具_____其光碟都可以在我们这里购买到_____

2. 新中国成立 60 年来_____经过广大新闻工作者的不懈努力_____有些副刊栏目已经成为报纸的重要品牌_____例如_____人民日报_____的_____大地_____和_____文汇报_____的_____笔会_____等_____

3. 我在北京语言学院_____即现在的北京语言大学_____读书的时候_____经常和四五个同学一起去_____清华_____石油_____北航_____踢球_____

4. 请你把观察到的建筑外观特点_____形状_____大小_____高低_____颜色等_____用一两段话写下来_____

四、单元写作

要求：

1. 请用你搜集的材料和提炼出的观点，并结合你自己经历或见闻写一篇 800 字以上的事理文

2. 要求采用"事—理—事—理"四段结构或"理—事—理—事—理"五段结构形式

3.词、句、语法等具体要求请看作文评分标准

4.请严格按照作文文面格式，并注意标点符号的使用是否合乎标准

五、复习第一单元——第三单元的学习内容，并能自己总结各单元的学习重点和相应的方法技巧

附：《感谢你的敌人》与《神奇的鹅卵石》

感谢你的敌人

一位动物学家对生活在非洲大草原奥兰治河两岸的羚羊群进行过研究。他发现：东岸羚羊群的繁殖能力比西岸的强，奔跑速度也不一样，每分钟要比西岸的快13米。

对这些差别，这位动物学家曾百思不得其解。因为这些羚羊的生存环境和属类都是相同的——全属羚羊科，并皆生长在半干旱的草原地带；饲料来源也一样——全以一种叫莺萝的牧草为生。

有一年，他在动物保护协会的赞助下，在东西两岸各捉了10只羚羊，并把它们送往对岸。结果，运到西岸的10只羚羊一年后繁殖到14只，运到东岸的10只一年后只剩下3只，那7只全被狼吃了。

这位动物学家终于明白了：东岸的羚羊之所以强健，原来是因为在它们附近生活着一个狼群；西岸的羚羊之所以弱小，正是因为缺少了这么一群天敌。

没有天敌的动物往往最先灭绝；有天敌的动物则会逐步繁衍壮大。大自然中的这一悖论在人类社会中也同样存在。汤武（商朝和周朝的建立者）因为有残暴的桀纣（夏朝和商朝的最后一代帝王，以残暴著称）作敌人而取得了拥护者；刘邦（汉朝的建立者）因为项羽（曾与刘邦争天下，是历史上著名的楚汉之争）的谨小慎微而得到天下……换个角度讲：真正使罗马帝国灭亡的正是因为没有强大的对手；在东方的秦帝国，建立不久就迅速覆灭，可以说也是出于同样的原因。

因此，在现实生活中，没有必要憎恨你的敌人。若深思一下，你也许会发现，真正促使你成功让你坚持到底的、真正激励你让你昂首阔步的，不是顺境和优裕、不是朋友和亲人，而是那些常常可以置人于死地的打击、挫折，甚至是死亡的威胁。

现实就是这样：造物主不让处处一帆风顺、事事顺心如意，没有困难、没有厄运，甚至连愤怒和烦恼都没有的人成为强者、成为栋梁、成为伟人……那么，请感谢你的敌人！

来源：《中国商人》2001 年第 11 期　　作者：刘燕敏　收入时略有删改

神奇的鹅卵石

"为什么我们要学这些愚蠢的东西？！"多年来我在教室里听到学生的抱怨和疑问中，这句话是最常出现的。我通常给他们讲下面这则传奇故事作为回答。

有天晚上，一群游牧民正想扎营休息，突然被一道强光所笼罩。他们知道神出现了。带着热切的希望，他们等待着神的重要启示，知道那是神特别赐予他们的。

终于，那个声音说："尽量收集鹅卵石，装在袋子里。行走一天之后，到明晚，你们将兴高采烈，也将感到悲哀。"

众多游牧民又是失望又是气恼：他们指望神会向他们解释宇宙间的伟大真理，以使他们借此创造财富，获得强健体魄，并号令世界，可没想到竟然派给他们如此卑下的工作，简直叫人莫名其妙。但无论如何，到访者的光辉也是使人难忘的。他们便各自捡来几块鹅卵石放在袋子里，尽管他们一边还在不情愿地嘟哝着。

他们按照神谕走了一天。晚上扎营时他们把手伸进袋子，发现鹅卵石变成了钻石。他们兴高采烈，因为得到了钻石；他们又很悲哀，因为没有收集更多的鹅卵石。

在我教学生涯的早期曾有一个学生叫艾伦，他的经历印证了这则故事中的真理。艾伦上八年级的时候，总是惹是生非，不时被短期停学。他对如何欺小凌弱深有研究，在偷窃方面更是个高手。

我每天都让学生背一条伟大思想家的语录。点名时，我就念某一条语录的开头部分。学生只有背出后面的部分才算出勤。"爱丽丝，'没有所谓失败，除非……'""'不再尝试。'到，舒拉特先生。""罗伯特，'如今的人们对价钱了如指掌，对真正的价值却……'""'一无所知。'到，舒拉特先生。"这样，到年底，这些学生将能背出 150 条语录。

对这些日常惯例，没有人比艾伦抱怨得更凶，直到他被开除的那天为止。有五年，我没有他的任何音讯，直到有一天他打电话给我。他在附近一所学院上一个专门的培训班，他的假释期已满了。他告诉我，他因干了坏事被送进少教院，后来又被送到加州青少年监狱。当时他对自己非常厌恶，甚至拿了剃须刀割腕自杀。他说："你知道，舒拉特先生，我躺在那儿，生命正离我的身体而去。突然，我想起那句有一天你让我写了 20 遍的无聊语录："'没有所谓失败，除非不再尝试。'那一刻，我突然明白了它的意义。只要我还活着，我就没有失败；但如果我让自己死掉，我就完全成了失败者。所以，我用最后的力气求救，开始了新的生活。"

"没有所谓谓失败，除非不再尝试。"——最初的鹅卵石，在他危急时刻，需要指引时变成了钻石。

所以我想对你说：尽可能多地收集鹅卵石，然后，你就可以期待一个充满钻石的未来。

来源：《师道》2003 年第 10 期　作者：约翰·伟恩·舒拉特　收入时略有删改

UNIT 4

第四单元

 学习内容：

1. 写作语言——书面语的特点
2. 以总结文体为代表的实用文体的结构形式
3. 以总结文体为代表的实用文体的标准段
4. 文章的过渡与衔接

 学习重点：

1. 书面语表达
2. "总结"的写作

第十三课
总结（一）

 **书面语**

 请在括号内选择恰当词语，并指出为什么你这么选择

书面语是人们在书写和阅读文章时所使用的语言，它与口语既有联系又有区别，各有不同的功用。书面语在口语基础上产生并发展，其特点是精确、严谨、规范，有逻辑性，形式上多以双音节出现（成语也多为书面语，一般是四音节）。就单个书面语词汇而言，它的使用频率比口语低，但比口语更能表现一个人的文化素养和个体风格。

在汉语学习的中高级阶段，学习的主要任务在于书面语的学习与运用，也就是在学生现有口语和简单书面语的基础上，学习和发展规范的书面语，并促进口语的进一步发展。口语向书面语的转换，书面语运用的不断成熟，是一个复杂的过程，能够理解书面语并娴熟使用书面语，是衡量一个学生汉语水平的重要尺度。

1. 经常进行文化交流，可以使两国人民的关系（近一点、更为密切）。

2. 以前，电视节目经常在节目中间（放、插播）广告，现在是等一个节目（结束、完）了才能（播放、放）广告。

3. 如果形势（进一步好转、比现在好上一些），今年的国民收入（差不多、基本）能与去年（接近、持平）或有（小幅、一点点）增长。

4. 我在公交车上看到了一（个、幕）（令人不快的情景、让人看着很不舒服的事儿）：一位（白发苍苍、头发都白了）的老人站着，手里还为他的孙女提着书包，而孙女则坐在座位上玩游戏机。

5. 我过马路的（时、时候），经常看到非常（怪、奇怪）的现象：前面是红灯，但很多人（还接着、却熟视无睹地）往前走。

6. （全市经济工作会议于今日召开、今天开了全市经济工作的会），市长对全年的工作进行了全面（安排、部署）。

7. 质量意识（薄弱、差）是造成产品合格率低的主要原因。

8. 另一个问题是产业发展不均衡，产业结构和投资结构（还需要、有待）进一步优化。

9. 我们（尽全力、致力于）培养的（无非是、也就是）这两（样东西、项）：一是阅读的兴趣和能力；二是写作的兴趣和能力。

10. 很多国家的淡水管理（较差、不力）（带来、导致）水资源的（匮乏、不足），人类面临着（可怕、严峻）的危机。

请总结一下你的选择原则：

_____

书面语练习

请用合适的词语替换下列下划线词语

1. 议论文写作<u>最重要的</u>是要阐述自己的观点。

_____

2. 假如生活<u>骗</u>了我，我无怨无悔，<u>还会</u>继续努力。

_____

3. 第三季度，经过大家<u>一起努力</u>，本市的总体经济情况比上半年有了<u>很大进步</u>。

_____

4. 为使网络用户的安全问题得到<u>很好地</u>解决，我们建议大家及时升级你的杀毒软件。

_____

5. 我们可以<u>用很好的</u>办法，减少污染物的排放。

_____

关于总结

总结是一种文体。

总结是一种文体，本单元的总结不是简单的指文章的结尾内容，也不是指总结一下某些内容或事物的"要求"。

总结是一种事务文体，也是一种报刊文体。

所谓事务文体，是说，在一般工作单位，都会应用的。它和"计划"对应，工作开始前写计划，工作完成后写总结。事务性总结也叫综合性总结，有很强的时间性。所谓报刊文体，是说我们能够在报纸杂志上看到这种文章形式。这种文体侧重总结经验（或教训），所以也叫专题性总结。

总结是单位或个人在工作或活动完成后（有时候是一个阶段后），对自身实践活动所做的总的回顾和评价。

理解总结概念和写作的重点要从下面几个角度入手：

1. 总结都是"事后"完成的。

2. 总结是就自身实践活动而展开的。

3. 总结要有对实践活动内容的回顾、对完成结果的总体评价。

4. 不同目的的总结写作重点不同。事务文体的总结，它是管理工作的一部分，可以侧重"回顾"，即：做了什么、做得怎样、结果如何，有时候没有特殊的经验和教训，侧重记录、评价自身的工作情况也可以；而其他提供经验和教训的总结，一般是以总结和提炼经验为目的，它可以从"为什么这么做"开始，侧重介绍"怎么做的"，有什么"经验"和"体会"（概括和提炼到一个较高的层面上），这样，总结才有价值和意义。

5. 总结是应用文体（实用文体），有特定的读者对象，有明确的使用范围，和较固定的格式，因此写作上要求作者有明确的读者意识、规范意识和语言表达上的语体意识。

阅读

 请看下面的例文，并完成练习

我的《阅读与写作》课程的学习体会

　　我是一名印尼学生，而且学习汉语的时间短，基础比较差。与我身边的许多日本、韩国留学生相比，我的读写水平明显较低。对我来说，汉字的认读和正确书写都是很困难的事情。但通过一个学期的《阅读与写作》课学习，我的情况发生了很大的变化：我不再害怕阅读了，并能够通过一定的规律把一些记忆不太准确的汉字写正确了，而且我的其他课程的成绩，比如精读课的，也有了明显提高。

　　"一把钥匙配一把锁"，我觉得理解课程的重点和特点是关键。我们的课程比较多，不同的课程有不同的特点，学习方法也各不相同。最好的方法是能跟随着老师的思路找出这门课程的规律，获得入门的途径。然后再根据自己的问题不断地深入下去，总结经验教训，形成不同课程的不同的学习方法。我觉得《阅读与写作》上学期特别强调的是阅读技巧和方法，所以我在上课时认真听课、做笔记，课后按照笔记的内容复习，复习时再总结规律。我的体会是：老师出的所有练习都有不同的针对性。比如：汉字、词语的词义理解题，老师的重点是要让我们通过汉字分析的方法去猜测生词的词义。比如："俑""涌""通""痛"等，它们都是由声符和义符两部分组成的，它们都是形声字，"甬"是声符，"亻""氵""辶""疒"表示它们的意思和什么有关系。再比如，当我在看到这样的语句"一种语言的消失，就意味着人类精神领域一座大型图书馆付之一炬"时，虽然我不知道"付之一炬"的具体意思，但我猜到了它和"火"有关，最后的结果是"消失"。我猜它可能是被火烧毁了。

　　其次是通过阅读课的练习，我养成翻汉语字典的好习惯。以前我也常查电子字典，遇到生词，我都会查。这一点和其他同学的做法差不多，但现在我查"汉典"——一种在线的比较专业的汉语词典和《应用汉语词典》。老师曾经让我们查某一偏旁的汉字。但我发现我查的一些常用词语词义已经发生了很大变化，变得和偏旁部首表示的意义没有明显的联系了。那次我选择的词语很多都不合老师的要求。课后，我按老师要求的内容，查了"页"等偏旁的字，我发现：很多字现在的词义变化很大，但在一些词语里它还保留了原来的意思，如"顾"在"照顾"一词里，意思和"页"（头部的部位名称和动作）没有什么明显的关系了。但在"瞻前顾后""回顾"词里，还和它的"回头看"本义有关系。现在我课前或课后常翻一翻"部首检字表"，试着去猜我不认识的字是怎么读的，又是什么意思。我按老师教的方法猜，按偏旁猜它的语义，按声符猜它的读音，看看我能不能猜对。我还把这一页的其他词语也看一遍。我不要求自己把看过的内容都记住，但我尽量自己总结一些词语的组成规律，把知识变成方法。这样，我现在的词汇量扩大了，猜字的正确率也提高了很多。还有我常用的《应用汉语词典》，它是把许多一般词典里字在后面位置上的词语列出来了，让我们通过一个字可以查到更多的词。比如，我查"顾"我能查到"顾客""顾问"，我还可以看到它组成的"回顾""光顾""后顾""照顾"这些所查的字在后面位置的词。这对我们扩大词汇量、积累知识、掌握技巧等有很大帮助。

通过课程的学习，我知道了：方法和技巧比单纯的知识更重要；任何一种事物，都有它内在的规律。但我现在还没有完全掌握已经学过的方法，有时候，我还会犯错误。比如，看到这样一个句子，"鲸鲨是世界上最大的鱼类之一，一个菲律宾小镇因此闻名遐迩，意外地成为旅游胜地。"我猜"遐迩"的意思是"世界"，因为我知道"闻名世界"这个词，我忘了分析"辶"代表的是与脚相关的动作，常常表示距离、速度等，正确的理解应该是"远近"。还有，我还不知道："照顾"和"回顾"它们中间，"顾"有什么联系；词语中的汉字是除了按同义组合和反义组合构成新词外，还可以按什么规律组织在一起的；它们对词语的理解有什么帮助……我在写作方面也还有很多问题，比如，我拿到文章的题目，我常常不知道写什么，用什么事例来说明我的思想。表达方面我也有不少问题，特别是我看到很多词，我都理解它们的意思，也会写，但到写作的时候我用不出来。我希望我能在老师的帮助下，在这学期的学习中，继续努力，不断进步，汉语的读写水平都有很大提高。

请用概括性语言（如：回顾、评价、经验、体会、今后的努力方向等）指出：

总结的开头写了什么	
结尾写了什么	
主体部分是按什么顺序组织的	
本篇总结用了哪些事例	
这些事例的写作目的是什么	

写作练习

1.请以前三个单元的内容为基础，按"学习内容"来组织，请你列出三点

（1）_____

_____

（2）_____

_____

（3）_____

_____

2. 请你展开"一"的部分，下面请按顺序写

（1）我具体学了什么：

（2）我怎么学的（要求有事例）：

（3）我有什么经验和教训：

作业

完成并完善前面的写作，要求选用最有代表性的事例介绍你的学习内容和方法。

UNIT **4**

第四单元

 学习内容:

1. 写作语言——书面语的特点
2. 以总结文体为代表的实用文体的结构形式
3. 以总结文体为代表的实用文体的标准段
4. 文章的过渡与衔接

 学习重点:

1. 书面语表达
2. "总结"的写作

第十四课

总结（二）

书面语练习 01

请在括号内选择词语完成句子

1. 没有（免费、不要钱）的（中午饭、午饭、午餐）。

2. 人和人是不同的，能力方面的（不同、差异、区别）不代表人品的（好坏、优劣、贵贱、高低）。

3. 这个小故事（里面有、蕴含、包容、包括）着深刻的道理。

4. 大厦（盖好、完成、完工、竣工）以后，他们（搬家、搬进、搬到、迁入）新办公室工作，工作环境和条件（改善、提高、改革、进步）了很多。

5. 今年，亿发集团（又一次获得、继续保持、再度拥有、蝉联）了本市机动车销售冠军。

书面语练习 02

请用括号内词语改写下列句子

1. 孩子刚走上人行道就让开得飞快的汽车吓了回来。（被、疾驶）

_____

2. 虽然加盟了 ×× 连锁店，但这几年每年都亏钱，姐姐只好改卖小商品和文具。（连年、亏损、转营）

_____

3. 机动车不让行人是大家心里最讨厌的开车坏习惯。（礼让／避让、厌恶／反感、驾驶、陋习／恶习）

_____

4. 现在，福建东南部已经变成了中国经济发展最有活力的地方之一。（业已、成为、具、区域）

5. 如果你不能按照合同要求的内容做，你就要承担合同条款规定的责任。（履行、条款、相应）

总结的结构

总结一般由：标题、前言（开头）、主体、结尾四部分组成。

 （一）总结的标题

> 总结的标题一般分两种形式：一种是公文式标题；一种是文章式标题。其中公文式标题一般由"单位＋时限＋性质＋总结"组成，如："××科技园区 2009 年一季度工作小结"。文章式标题一般是总结的内容或提炼出的经验、教训，如："我是怎样学习汉字的""抓住工作重点，确保工作的顺利完成"……

练习：请看下面的标题，指出哪些是总结的，哪些不是

1. 童年往事 　　　　　　　　　　　　　　　　　　　（是、否）

2. 在俄罗斯感受"中国年" 　　　　　　　　　　　　（是、否）

3. 我们是怎样做好基民（买基金的人）的教育工作的 　（是、否）

4. 霾比雾更危害健康 　　　　　　　　　　　　　　　（是、否）

5. 天城县人民政府 2009 年一季度金融工作总结 　　　（是、否）

6. 做好宣传工作，树立为民服务新形象——××区党委 2010 年贯彻落实中央"××通知"精神的体会 　　　　　　　　　　　　　　（是、否）

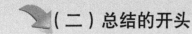（二）总结的开头

一般是基本情况概述。一般是简要地介绍概况和结果。此外，还可以介绍背景，说明工作（学习）是在什么情况下、什么基础上展开的，有什么困难和问题，以此来对比、强调后来的工作（学习）成效。

练习：请看下面的段落，指出它是否是总结的开头，并简单陈述理由

1. 2005 年一季度，我县金融工作坚持以邓小平理论和"三个代表"重要思想为指导，认真贯彻党的十六届四中全会、县委十届三次全会精神，紧紧围绕"农业稳县、工业强县、三产活县、科教兴县、生态靓县"五大战略重点，促进辖区金融改革、维护金融稳定，为经济持续、快速、健康发展做出了积极的贡献。现将情况报告如下……   （是、否）

理由：_____

2. 中国投资率已经高到超过警戒线。从改革开放以来，中国的投资率始终保持在 30% 以上，1992 年以来又进一步上升至 35% 以上。截至 2008 年，29 年里投资率的平均值为 37.4%，其中投资率在 35% 以上的年份数达到了 22 年。自 2003 年以来，投资率已连续 4 年超过了 40%，投资增速也达到了 20% 以上，大大超过了 GDP 的增速。从 1980 年代以来，世界平均投资率为 22.7%，中国是世界平均水平的两倍。   （是、否）

理由：_____

3. 看了一篇帖子，说年薪一万的女人很幸福，幸福指数甚至高于年薪 10 万、50 万的女人！ 看过一篇新闻，说农民的幸福感远高于城市居民。乍一想，感觉真是有点匪夷所思！我们都知道：可控制的资源越多，能够做的事情就越多，可满足的欲望也越多。从这个角度看，显然是年薪越多越容易感觉幸福。但是，仔细想来，却又觉得上述观点颇有道理：因为幸福是一种心理感受，并不完全取决于物质所得！   （是、否）

理由：_____

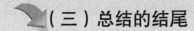

（三）总结的结尾

总结的结尾一般写今后努力方向和工作改进意见。它一般上承主体部分的问题和教训，由它过渡，有针对性地写今后努力方向和工作改进意见。这一部分一般不展开，概括介绍即可。也可以重复开头的成效，写出自己的认识和体会。

练习：指出它们是否是总结的结尾，并简述理由

1. 人口决定消费，消费决定需求，需求决定生产，有生产才能提供就业。世界上绝大多数国家的劳动力与总消费人口比例在 50% 左右或以下。而中国由于实行独生子女政策减少了年幼消费者，劳动力与总人口的比例高达 63.5%，只能依赖国际市场提供就业机会。但是中国目前这种外向型经济已经走到了尽头。一方面是因为印度等人口大国在崛起，印度的劳动力开始占领国际市场；另一方面是发达国家由于人口结构老化，购买力下降，向国外进口也将减少。因此中国经济要持续发展，就只能依赖内需。而要发展内需，就需要足够的消费者，尤其是年轻消费者。而且中国现在的劳动力过剩，在不远的将来将变成劳动力短缺……换句话说：或许我们到了要重新制定人口政策的时期。　　　　　　　　　　（是、否）

理由：＿＿＿＿＿＿＿＿＿＿＿＿＿＿＿＿＿＿＿＿＿＿＿＿＿＿＿＿＿＿＿

2. 对于 2009，我认为将有以下一些重要的趋势。一是，2009 年，美元可能出现大幅贬值，并导致全球金融市场的进一步动荡。二是，在中国，虽然已经紧急采取了大规模的刺激措施，但经济下滑的幅度仍然超过预期，延续了 30 年的发展模式可能被迫转变。三是，在经济增长下滑的背景下，积累多年的各种矛盾趋于临界，政治体制改革空前紧迫，改革会获得新动力。

　　　　　　　　　　　　　　　　　　　　　　　　　　　　（是、否）

理由：＿＿＿＿＿＿＿＿＿＿＿＿＿＿＿＿＿＿＿＿＿＿＿＿＿＿＿＿＿＿＿

3. 总的说来，这一阶段的工作成绩是有目共睹的。我们在思想建设、经济建设、招商引资等方面的成绩都很突出。但在肯定成绩的同时，我们也看到了问题和不足：在开发区的建设发展中，我们觉得开发区的管理工作还有一些缺陷。例如：项目进区建设的整个过程很难将管理权限真正落实到实处，项目单位在实施中仍然受到一些沉重的干扰和压力……这类问题应该在未来的工作中引起我们高度重视，并在今后的工作中着力解决或改进，使园区建设获得进一步发展，走向更光明的未来。　　　　（是、否）

理由：_____

（四）总结的主体部分

> 主体可以写成绩和经验、问题和教训（如果内容少，问题和教训可以放在结尾部分）。组织的方式：成绩和经验、问题和教训或成绩和经验一、成绩和经验二、成绩和经验三……还可以按照事情发展的顺序来组织：开始时怎样、后来怎样，中间有哪些曲折，经过了哪些努力，最后的结果……总之是逻辑顺序来谈经验、谈做法、谈体会，中间应该采用典型事例和具有说服力的数据加以印证。

主体的组织方式：

一定要采用分条列项的方式写。如：

主体形式一：按工作内容、学习内容来分项

如：一、关于猜词技巧

　　二、关于长句、难句的理解

　　三、关于概括方法

　　四、关于主题和选材

　　五、关于事理文的写作

　　……

主体形式二：按提炼出来的成绩和经验、问题和教训来分项

如：一、成绩与经验

　　　（一）

　　　（二）

　　　（三）

二、问题与教训

　　　（一）

　　　（二）

　　　（三）

　　　……

主体形式三：按提炼出的做法或认识、体会来分项

如：一、做法（或认识与体会）

　　二、做法（或认识与体会）

　　三、做法（或认识与体会）

　　……

写作练习

请按"方法或体会"为《我是怎样学好汉语的》（或《我的汉语学习体会》）的主体部分拟写提纲，主体部分列出三点（如果为两点，每项方法／体会要能超过300字）：

一、_____

_____

二、_____

_____

三、_____

_____

作业

1. 请你思考你的母语与汉语的差异（可以利用网络资源、图书、论文），并用以下某个"体会"去分析你在语言学习中发现的规律、经验和问题。如：

   （1）避免用自己母语的习惯思维对于学好汉语至关重要

   （2）"翻译"式写作（先用母语思考再用汉语写作）是造成语句语法错误多的直接原因

   （3）从写作的角度看，我们应该学习的是句子的表达而不是单纯的词语使用

   （4）利用例句学习词语对于避免语法错误极为关键

   ……

2. 完成并完善《我是怎样学好汉语的》（或《我学习汉语的经验总结》）。

UNIT 4

第四单元

 学习内容：

1. 写作语言——书面语的特点
2. 以总结文体为代表的实用文体的结构形式
3. 以总结文体为代表的实用文体的标准段
4. 文章的过渡与衔接

 学习重点：

1. 书面语表达
2. "总结"的写作

第十五课

总结（三）

新商务汉语阅读与写作教程

 书面语练习 01

请在括号内选择词语完成句子

1. 总的说来，这一阶段的工作成绩是（大家都看得到、有目共睹）的。

---

2. 如果油价进一步（发展、走高、攀升、改善），（一定会、必将、不得不）对经济产生新一轮冲击。

---

3. 喜欢被（奉承、吹捧、赞扬、夸奖）的上司大都有较强的虚荣心。

---

4. 保津城铁（马上就要、即将）（开始建设了、开建、动工），（届时、到时候）保定到天津仅需40分钟。

---

5. 欧洲18、19世纪完成的产业革命，给现代文明（打下、奠定、提供）了（比较好、良好）的基础。

 书面语练习 02

请用括号内词语改写下列句子

1. 仔细、全面计划，好好安排，是任务按时完成的保障。（周密、妥善、如期）

---

2. 一个企业要想持续发展，就必须把团队力量集中起来，使每一个个体都具

备团队精神。（凝聚）

3. 战后，这个国家靠很强的经济实力在国际社会展开经济外交，以图国家政治和经济利益的最大化。（该国、凭借、雄厚、谋求）

4. 最近，管理层一而再、再而三地发文提醒投资者注意风险。其中，银监会表示要严格审查银行贷款的流向，以免它们投机股市。（频繁、严查、防止、其）

5. 计划、考虑、讨论了很久的车船税改革推出草案，征税额将与排量挂钩，大排量豪华车每年征税最高也许会超过万元。（酝酿、多时、或）

实用文体标准段与段首提要
03

> 实用文体主体部分（甚至包括全文）多采用以小标题形式，将文章分成若干部分。当我们不用小标题的形式时，我们应该提炼出本段的主要内容或主要观点（相当于小标题），放在本段的第一句或最后一句话中。我们更多地采用的是放在最前面的形式，叫段首提要。段首提要与后面的内容共同组成本段内容，叫实用文体的标准段。

请看本单元第一节中的例文，看看它的标准段的写作形式：

"一把钥匙配一把锁"，我觉得理解课程的重点和特点是关键。我们的课程比较多，不同的课程有不同的特点，学习方法也各不相同。……我猜它可能是被火烧毁了。

其次是通过阅读课的练习，我养成翻汉语字典的好习惯。以前我也常查电子字典，遇到生词，我都会查……这对我们扩大词汇量、积累知识、掌握技巧等有很大帮助。

段落的过渡与衔接

同级项目之间的关系与上下衔接

同级项目：即一、二、三或 1.2.3.（1）（2）（3）……它们各为同级项目。它们之间有并列关系和非并列关系两种：

◆ 并列关系段落的上下衔接

并列关系的段落不用考虑衔接。它们前后并无特别的联系，它们只与上级项目或标题构成说明与被说明、概括与展开的关系，本身可以先后颠倒。

◆ 非并列关系段落的上下衔接

非并列关系段落必须考虑衔接。它们之间就是承、转、启、合的关系，前或后应该有引导过渡的文字或段落。

非同级项目之间的衔接

一般要看写作的基本需要：开头最后一句话要起兜转或开启的作用。最后的结尾部分，要有承与合的内容。一般放在结尾的第一句以外，有的也可放入上一段的最后一句话中。**其他段落的衔接，也是根据文章写作的需要，加入承转启合的过渡性文字。**

范文分析

×× 公司生产部 2008 年工作总结

2008 年是公司与美国 JDG 公司意向合作进入最后签约阶段的一年。国际化合作的背景变化影响到公司的体制改革、生产标准国际化、产品线复杂多样等诸多方面。对我们生产部来说，面临的变化和挑战也是巨大的。

首先是多品种、小批量的生产状况。随着公司的发展，我们的产品线宽度和深度都在不断扩展。目前生产的机器主要分激光洗眉机、激光脱毛机、光子嫩肤机、RF 射频、PDT 光动力、水氧机、铒激光等不同系列。洗眉机有 V2、V2+、V3、V5、V8、V8+、V9、万奇等；光子机有便携、7800、SQ2G、新干线等；RF 射频有 RFV2（旋律）、RFV2A（雕塑者）、RFV1、RF9000、RFV2C（爱肤）等；PDT 有 PDT-1000、PDT-2000、PDT-3000、PDT-4000、PDT-5000。今年以来，每个月生产任务中会出现 10 个以上产品，很多生产任务仅为 1～2 台。这种多品种、小批量的生产状况已经成为公司生产的主流形式。

其次是订单决定的生产方式转变。我们所生产的机器主要由 ×× 公司销售和公司国际部销售。以前国内销售为主导时期，我们基本上是以 ×× 公司每月提前下批量订单的形式来组织生产，国际部销售虽然是根据客户的订单来组织生产的形式，但只占很少份额，对生产的影响比较小。2007 年以来，×× 公司销售产品时也越来越趋向于特殊化（有一部分直接通过代理商销往国外），并且有很多特殊的要求；国际部销售数量在不断增加，新客户激增，这些不同客户和不同国家的客户对相同的产品也都有不同的要求。

这种多品种、小批量，以订单型生产为主的方式对生产标准化形成很多干扰，而产品标准化程度低，客户要求不断趋向差异化，要达到按时保质保量向客户交货的要求，对物资采购、仓储管理、生产加工等各方面提出了越来越高的要求。

面对如此复杂的生产局面，我们的困难是显而易见的，但我们并没有退缩，而是按照公司的要求，在抓管理、抓质量、抓效益的前提下迎难而上，取得年产突破 40 万台，产值预计超过 7500 万元，与 2007 年相比提高 12% 以上的骄人战绩。

2008 年度，我们在以下几方面的工作卓有成效：

周密计划，妥善安排，确保了各项常规、紧急订单的如期完成。公司今年的特殊订单比较多,占到了整体生产任务的50%以上。在特殊订单中,客户的要求多,交货期短,我们通过周密计划,及时组织采购、生产,确保了各项生产任务均按期完成。全年累计投产的机型53种,生产入库总量为408340台(具体见附表《2008年成品机入库汇总》)。

突出安全管理,确保了全年生产安全无事故。(略)

……

落实质量管理体系要求,严格组织生产,产品合格率大大提高。(略)

……

规范采购管理工作,不断降低采购成本。(略)

……

树立正气,积极开展技能培训,打造优秀团队。(略)

……

2008年的工作成绩是有目共睹的,但也还存在一些问题:

生产安排不够科学,生产过程中经常出现缺料现象。(略)

……

员工技能培训欠全面,大多数人不能做到一人多能。(略)

……

员工的责任心、质量意识还有待进一步提高。(略)

……

生产过程中浪费现象依然较严重。(略)

……

这些问题的存在不可能一朝一夕就能够彻底解决,但我们有信心尽力完善相关的制度和规范,加强管理、教育与培训,使日常工作能够责任到人,使每一个人都能承担起相应的责任,为公司的发展壮大贡献我们应有的力量。

段首提要练习

请在空白处填上概况性语句

首先 _____。随着公司的发展，我们的产品线宽度和深度都在不断扩展。目前生产的机器主要分激光洗眉机、激光脱毛机、光子嫩肤机、RF 射频、PDT 光动力、水氧机、铒激光等不同系列。洗眉机有 V2、V2+、V3、V5、V8、V8+、V9、万奇等；光子机有便携、7800、SQ2G、新干线等；RF 射频有 RFV2（旋律）、RFV2A（雕塑者）、RFV1、RF9000、RFV2C（爱肤）等；PDT 有 PDT-1000、PDT-2000、PDT-3000、PDT-4000、PDT-5000。今年以来，每个月生产任务中会出现 10 个以上产品，很多生产任务仅为几台，这种多品种、小批量生产的状况已经成为公司生产主流形式。

其次 _____。我们所生产的机器主要由 ×× 公司销售和公司国际部销售。以前国内销售为主导时期，我们基本上是以 ×× 公司每月提前下批量订单的形式来组织生产，国际部销售虽然是根据客户的订单来组织生产的形式，但只占很少份额，对生产的影响比较小。2009 年以来，×× 公司销售产品时也越来越趋向于特殊化（有一部分直接通过代理商销往国外），有很多特殊的要求；国际部销售数量在不断增加，新客户激增，这些不同客户和不同国家的客户对相同的产品也都有不同的要求。

回答：什么是实用文的标准段？通过练习你是否明白了标准段的形式和要求？

写作练习

1. 请以前次练习列出的"方法或认识、体会"为基础，选择其中的一点作为段首提要

2. 请你展开这一部分，并按请按下面的顺序写

（1）我为什么这么说：

_____

_____

（2）我做了什么、怎么做的（要求有事例）：

_____

_____

（3）结果如何：

_____

_____

 作业

按照标准段的形式检查、完善上面的写作。

UNIT 4

第四单元

学习内容：

1. 写作语言——书面语的特点
2. 以总结文体为代表的实用文体的结构形式
3. 以总结文体为代表的实用文体的标准段
4. 文章的过渡与衔接

学习重点：

1. 书面语表达
2. "总结"的写作

第十六课
总结（四）

书面语练习

请在括号内选择词语完成句子

1.（到现在为止、截至目前），亚洲工业对全球国内生产总值（GDP）的贡献比例已经从 20% 左右（飙升至、攀升到、快速提升到）30% 以上。

2. 随着亚洲主导金融市场时代的到来，亚洲的外汇交易员再也（不需要、不必）（彻夜不眠、开夜车），而伦敦的交易员（反倒是不得不起床、则相反），（以、来、好）处理意外的经济数据和突发事件。

3.（这几年以来、近年来），我国国土资源部已经通过土地执法检查等多种（举措、办法、行为、行径）去（阻碍、遏制、妨碍、法治）土地违法违规行为，但从实际效果来看，（还是、仍然）不（十分、特别、非常、甚）理想。

4. 许多跨国企业表现不（理想、佳）的（根本、基础、最深处的）原因在于（其、它的）"自信"态度。

5. 经济增长（下降、放缓），需求减少，煤炭价格（一直、持续、接着）走低，导致内蒙古煤炭产业（面对、面临、遇到）危机，很多中小型煤企（就要、濒临、将来会）破产。

书面语练习

请用括号内词语改写下列句子

1. 惩罚罪恶的是法律，而我们应该学着原谅他人所犯的错误。（饶恕）

_____

2. 随着中国的对外开放的一步步深入，外企在中国经济中的重要性越来越明显。（逐步、与日俱增）

_____

3. 企业收入所占比重太低的话，不单是影响国家经济发展，还会影响企业的职工收入，或者企业通过把成本转到商品价格上，居民消费花的钱就会增加。（如果、过低、仅、转嫁、加重负担）

_____

4. 我们不止一次强调，糟糕的债务状况很大程度上限制了我们制定后面的很多接下来的政策，所以，我们在对待新增债务的态度上要更加小心。（屡次、恶劣、相应、因此、谨慎）

_____

5. 对于外贸中小企业来说，货物通关一般需要 2~3 天，退税则需 3~6 个月……手续多而且乱所带来的高成本让它们不敢放手去做。（至、繁琐、导致、高额、令、望而却步）

_____

阅读

请看下面的留学生总结，并完成后面的练习

循序渐进，永不放弃

丁伊（德国）

在全球所有语言中，汉语是公认最难学的语言之一。因此，作为一名德国学生，下学习汉语的决心需要鼓起一定的勇气。在过去三年半学习汉语的过程中，我取得的成就多，遭遇的挫折与打击也不少，并且积累的经验多样。就我而言，最宝贵的经验可以简单地概括为如下三种：

一、良好的学习环境是学好汉语的必要条件

首先，我认为汉语是一门无法通过自学而学好的语言。有的语言，只要掌握基本的语法规律，以后的学习仅是扩大词汇量而已。但汉语却截然不同。我学习汉语的时候常常感到越学越难。因此，我觉得学汉语的时候特别需要具有很强专业能力老师的培养和指导。

其次，除了老师的指导之外，学习语言的环境也至关重要。来到中国之前，我先在德国学了一年的汉语。那一年，我学习得非常刻苦，但真的来到中国，我竟然发现：完全无法与中国人交流，因为课本上所写的与中国人所说的汉语非常不同。再加上最关键的问题，即我的思想当时还丝毫没有中国化。有时候，我听不懂汉语不是因为语言本身难，而是因为不了解其含义。比如，遇到一个站在报刊亭前边研究可购买的手机号的中国人时，很有可能会听到一句："这个号不错！"作为德国人，如果听到这句话而不了解中国人对于数字的某些忌讳与偏好，那么基本可以保证听不懂。因为将平时如此客观的数字用主观的"好坏"修饰，完全在德国人的意料之外。我当时深深地体会到了：学习汉语不仅是学习一门外语，

而且更是全面地了解整个中国文化以及中国人的思维方式。而要理解这些，我觉得我们必须处在这个文化环境里。

另外，在中国学习汉语，课外练习汉语的机会非常多，而用自己母语交流的机会则非常少。这种交流帮我建立起来的语感，很多时候比语法更能帮助我书写或表达正确的句子。

二、避免用自己母语的思维习惯学习另外一种语言

每一门语言都具有其自己的特点，首先它与说这门语言人群的文化和生活习惯以及环境息息相关。一门语言的独特性往往表现在其词语搭配与句子结构上。根据我的经验，这也恰好是留学生最难掌握的两种难点。因此，套用母语的习惯，寻找一一对应的词语，犯错误的概率势必较高。例如，"药"一词在汉语里面和"吃"搭配，但是用德语"药"（Medikament）则与"吸"（einnehmen）搭配。我认为这个搭配上的区别基于文化背景的不同，具体地说，是由于中药的平常服用具有养生作用，很多药同时是食物或者是菜，于是许多中国人习惯吃中药，像"吃饭"似的；而西药则效果迅速而强烈，不适合平常服用。因而，"药"的性质被德国人所认为与"吸毒"相似。

其次，一个区分不同语言语法的背景因素是语言最初的根源。比如，以拉丁文为基础的语言往往通过词语的词尾表达时间、性别等信息。而汉语中则用更多的汉字给原有的句子补充这些信息。

德语：Das（这）war（"是"的过去形式）meine（"我的"，后面加女性式的名词）Grundschullehrerin（"小学老师"的女性式）．

可见，"Das war meine Grundschullehrerin."一个用四个词语构成的句子实际包含非常多的信息，即关于过去的时间以及关于老师的性别。如果用汉语表达这句话，常用的说法是："这是我的小学老师"。但这个句子既不表达时间，又不确定老师的性别。因此，要用更多的词语为这句话补充缺少的信息。

汉语：这曾经是我的女小学老师。

这句话完全对应了上面德语例句的含义。但是中国人却不习惯把这些信息都

说得那么清楚，一般只会说："这是我的小学老师。"如果对象真的想清清楚楚地知道老师的性别及事情发生的时间，就不得不再询问。

另外，不同语言中句子的结构也存在许多不同之处。例如，疑问句在欧洲语言中通常是通过将动词从陈述句中移动到句子的开头而形成：

德语陈述句：Er（他）geht（去）einkaufen（买东西）.

德语疑问句：Geht（去）er（他）einkaufen（买东西）？

法语陈述句：Il（他）va（去）faire les achats（买东西）.

法语疑问句：Va（去）-t-（为了发音方便而加上的字）il（他）faire les achats（买东西）？

而将汉语的陈述句变成疑问句时，句子原有的结构上却没有改变。在汉语中这个变化也是通过补充词语的方式而进行的。

汉语陈述句：他去买东西。

汉语疑问句：他去买东西吗？

类似的例子数量众多，而且越进行语言之间的比较，找到规律与共同之处就越难。同时，问题堆积如山，比如：为什么汉语中有量词而其他语言中却没有？其他语言为什么不需要量词呢？而汉语是不是真的需要量词呢？如果将"三只狗"用"三狗"替代，真的会影响我们对这个句子的理解吗？那么，为什么"一天"又不需要搭配量词呢？……这些问题也许可以深入地研究，但是在我看来，这并不会提高学习汉语的效率。

即使有些语言的确比较相似，而还有些语言则显然不同，但是详细地看，凡是语言都是独一无二的。因此，我在学习汉语的时候从来不与之前学过的语言或者我的母语做比较，以免出现大量的错误与困惑之处。

但是，不在已熟悉的语言的基础上学习另一门语言，也许对我学习汉语的速度有一定的影响。至少我能确定，相对学习其他语言来讲，我用于学习汉语的时间长几倍。

三、耐心、坚韧是学好汉语的最佳心态

依据我的经验，对学习汉语期望过高的人最容易放弃。之前学过其他外国语的人皆知：学习汉语的确是进步慢，挫折多。

首先，每个生词都要学会两次，即要分别学习其发音和写法。这不仅慢，而且找到适合自己的学习方式也非常困难。与其他语言的学习恰恰相反，词典的使用在任何学习阶段都不是最有效的方法。尤其是刚开始学习汉语的时候，查词典既复杂又浪费时间。达到了一定水平以后却可以应用猜词法，猜词义以及发音。不过要知道，猜词法不能保证很高的准确率。我还清清楚楚地记得许多陷入猜词法陷阱的情况。比如，我以前的一位同学第一次见到"彩虹"一词时，采用了猜词法后便以为"彩虹"是一个彩色的虫子。另一次，是我自己在咖啡厅的错误猜词使周围所有人啼笑皆非。我当天想点的是"榛果拿铁"，只不过还不知道"榛"字如何发音。当时，我用猜词法想到了两种可能性："秦果拿铁"和"棒果拿铁"。可惜发现了两种读法都不正确，最后只好放弃了猜词，并点了"香草拿铁旁边的那个"。

其次，除了逐渐克服学习汉字的困难，还需要面对中文词汇量庞大的问题。我个人的感觉是中文的词汇量比德语的大两三倍，导致查词典时常常查不到所找的生词。或许德语里面根本没有这个词语，或许出现分不清中文近义词的情况，因为德语词义分得远远不如汉语详细。如今，我已经放弃了使用词典，而仅仅通过中文的例句学习中文生词。

再次，中文里面口语与书面语之间存在巨大的差异。为了学习其他语言通常只需要一门综合课程，比如称"英语课"。但是大部分汉语课程却区分"综合汉语""口语"与"读写"三种。许多学生认为这种区分过度仔细，但是我却觉得非常理性。因为有时候我确实有三种不同课程中所教的汉语仿佛三种不同语言似的感觉。而且，与其他语言不同的是，这三个课程中学习进步的速度非常不同。刚开始学习汉语的时候，口语的进步非常快，而阅读与写作的进步则很慢。当我达到了大概可以无障碍地与中国人沟通的口语水平时，我却突然发现了中国的报

新商务汉语阅读与写作教程

纸还完全看不懂。而当我发现了我大概达到了读懂报纸的水平时，我又意识到了写作能力还远远不足以按照要求写出专业课程的学期论文。因此，学习汉语要循序渐进、自强不息，永远不放弃，而且一定不要认为自己已经都学会了，因为一直都有更多可以学习的词语以及表达方式。

总而言之，我学习汉语经历的是一个非常复杂的过程。我仿佛走在一条坎坷不堪的道路上，必须不断寻找正确的学习方法。但是如果具备良好的学习环境、基本到位的学习方法以及积极的学习态度这三者，那么学习汉语的计划就不容易失败。我认为循序渐进，永不放弃是应对学习像汉语如此之难语言的挑战的最佳方式。面前的道路再坎坷，也要勇敢地往前走，我相信这样一定能达到学好汉语的目的。

练习

1. 作者在结尾部分说"如果具备良好的学习环境、基本到位的学习方法以及积极的学习态度这三者，那么学习汉语的计划就不容易失败。"请你按照她所说的关于学习环境、学习方法和学习态度，找到主体部分对应内容：

   学习环境：＿＿＿＿＿＿＿＿＿＿＿＿＿＿＿＿＿＿＿＿＿＿＿＿＿＿＿＿

   学习方法：＿＿＿＿＿＿＿＿＿＿＿＿＿＿＿＿＿＿＿＿＿＿＿＿＿＿＿＿

   学习态度：＿＿＿＿＿＿＿＿＿＿＿＿＿＿＿＿＿＿＿＿＿＿＿＿＿＿＿＿

2. 在主体的第二部分作者分析汉语的"吃"药与母语"吸"药不同搭配的习惯是为了说明什么？

   ＿＿＿＿＿＿＿＿＿＿＿＿＿＿＿＿＿＿＿＿＿＿＿＿＿＿＿＿＿＿＿＿＿＿

   ＿＿＿＿＿＿＿＿＿＿＿＿＿＿＿＿＿＿＿＿＿＿＿＿＿＿＿＿＿＿＿＿＿＿

3. 在主体的第二部分作者介绍不同语言的起源是为了说明什么？

4. 作者说"我个人的感觉是中文的词汇量比德语的大两三倍，导致查词典时常常查不到所找的生词。或许德语里面根本没有这个词语，或许出现分不清中文近义词的情况，因为德语词义分得远远不如汉语详细。"你对这个说法有同感吗？如果有，你有什么具体的事例吗？

_____

_____

5. 你对例文中的其他内容有同感吗？

比如：_____

_____

6. 例文对你自己的总结写作有什么启发？

_____

_____

作业

1. 请你根据这些启发再次完善你自己的经验或教训、认识和体会。

2. 请将你对汉语学习的回顾，按 1000 字的标准，设计成合乎总结写作标准的提纲，要求有思想或经验等内容的提炼、下面有事例印证。

总结写作提纲

_____

_____

_____

单元练习

一、关于总结与实用文体：请判断下列内容的对错

问　　题	对	错
就像计划、报告、论文、申请书等一样，总结是一种实用文体		
总结的结构可以用于大部分实用文体		
一般实用文体都分成：标题、开头、结尾三个部分		
一般实用文体都可以在开头部分概述了基本情况		
实用文体有相对固定的写作形式，比如，开头结尾程式化，写法较为固定，而主体部分一般都采用分条列项的写作方式（有小标题或序号），且采用标准段的写作形式		
实用文体的标准段写作形式要求在段首概括段落的主要内容或观点		
实用文体的结尾可以总结全文、得出结论、提出建议……		
实用文体总体上要求思想深刻、材料新颖、句式丰富、语言华美		
实用文体比如总结、调查报告，要求表达准确，语言庄重、简洁		

二、标点符号练习——冒号（ ： ）

"："的五种用法：

1. 用于称呼后面（如：写邮件时，称呼"尊敬的先生："）；

2. 用于"说、想、是、证明、宣布、指出、透露、例如、如下"等词语后边，提起下文（如："南方有很多热带水果，如：香蕉、芒果、荔枝等等。"）；

3. 用在需要解释的词语后边，表示引出解释或说明（如："时间：上午 8 时至下午 4 时"）；

4. 用于概括性的话后面，引起下文或解释（如："北京紫禁城有四座城门：午门、神武门、东华门和西华门。"）；

5. 用于概括性的话前面，对前文内容总结（如："大学毕业以后，张华考上了北京大学的研究生；李萍去美国留学；我进了一家公司上班：我们都有光明的前途。"）。

1. 他十分惊讶地说_____啊_____原来是你_____

2. 经科学研究表明_____像人参_____当归_____维生素_____蛋白质等各类营养物质_____不能直接被发根吸收_____促进头发生长_____

3. 这位动物学家终于明白了_____东岸的羚羊之所以强健_____原来是因为在它们附近生活着一个狼群_____西岸的羚羊之所以弱小_____正是因为缺少了这么一群天敌_____

4. 造物主不让处处一帆风顺_____事事顺心如意的人成为强者_____不让没有困难没有厄运_____甚至连愤怒和烦恼都没有的人成为栋梁或伟人_____现实就是这样_____

三、检查总结写作提纲的内容，看看是否合理、是否符合逻辑

四、总结写作

请你按照留学生作文一的两段或留学生作文二的三段结构方式，写出一篇1000 字以上的关于汉语学习经验或教训的总结

要求：

标题：公文式标题或文章式标题

开头：引入——概述基本情况

主体：采用分条列项的形式，每段采用标准段形式

结尾：总结前文或简介今后的努力方向

其他：语句通顺，无严重语法错误；内容要从个人的经验或教训出发，有具有代表性或印证性的事例；文面格式符合要求，标点符号准确

UNIT **5**

第五单元

学习内容：

1. 语句的关系、段落的关系

2. 静态图表的说明方式

3. 动态图表的说明方式

4. 调查报告等研究性文章的选题原则

5. 调查问卷的设计原则

6. 调查报告的结构与写作

学习重点：

1. 语段训练

2. 图表说明

3. 数据分析和数据研究结论

4. 调查报告的写作

第十七课
调查报告（一）

语段训练：请看下列句子，并完成后面的练习

在文章写作中，单个句子的写作较为简单，一般做到语法正确，能够在一定程度上实现表达的准确生动即可。但句子与句子组合成段落和文章，已经超越了语法范畴，服从的是逻辑原则和文章的写作规范。

实用文体的程式化特点要求表述更有逻辑、更有条理，因此，在写作过程中需要作者有意识地去规范自己的写作形式和内容。实用文段落与段落中间，文意的承转启合需要照应，而在段落中，语句和语句之间都是有意义联系的，它们也是从语义的承转启合的角度，为中心思想或情感表达的任务服务。

有时候，实用文语意的层次是通过标准段的写作来体现的，有时候又是通过关联词来落实的。

语句之间、段落之间常有各种联系，主要是总分关系、并列关系、递进关系、顺承关系、转折关系。

（一）画出下文概括性的句子

1. 对于外在气质的考察主要通过观察，应聘者穿什么衣服，留什么发型，走路的姿势，如何与面试人员打招呼，如何接送文件，如何对待在场的其他工作人员等等。

2. 对于内在品质的考察我们着重考察应聘者的自信程度。

3. 应聘者可能在不经意间完成了这些动作、表现他们待人接物的特点，公司的考察就在这个过程中完成了。

4. 我们经常会这样测试他们的自信程度，比如应聘者到公司后，让一名工作人员把他从门口领进会议室，转一圈后再出来，然后让应聘者详细描述一下自己在这几分钟之内都看到了什么。

5. 我们会着重考察应聘者外在气质和内在品质。

6.通过这个测试我们不难发现，那些描述得具体生动的人，能很好地调节心态，让自己很快地放松下来，我们通常认为这样的人充满自信。

（二）按照概括部分显示的顺序，把相关内容汇总在其下

（三）按照语句的逻辑顺序进一步调整语段的顺序

（　　　）—（　　　）—（　　　）—（　　　）—（　　　）—（　　　）

图表说明：表格
02

图表大致可分成动态数据图表与静态数据图表。在静态数据图表中，常见图表为表格和饼状图。此类图表的文字说明和文字描述要注意总分的关系和部分与部分间并列关系。这类图表的描述重点在于它们的描述次序的逻辑性与它们中间的比例分配。常出现的词汇有"如图所示""其中""所占比例""占××总数的×%"……

（一）请看表1

表1　2008年中国人口数及其构成

单位：万人

指　标	年末数	比重%
全国总人口	132802	100.0
其中：城镇	60667	45.7
乡村	72135	54.3
其中：男性	68357	51.5
女性	64445	48.5
其中：0~14岁	25166	19.0
15~59岁	91647	69.0

指　　标	年末数	比重 %
60 岁及以上	15989	12.0
其中：65 岁及以上	10956	8.3

请看下面的表格说明——注意它总分关系的处理方式，注意标点符号所显示的层次关系

如图所示，2008 年中国人口数及其构成情况如下：

至 2008 年年末中国总人口数为 132802 万人（13 亿 2 千 8 百 02 万人）。其中，城镇人口数为 60667 万人，乡村人口数为 72135 万人；男性人口数为 68357 万人，女性人口数为 64445 万人；0~14 岁人口数为 25166 万人，15~59 岁人口为 91647 万人，60 岁及以上人口数量为 15989 万人（其中，65 岁及以上人口数量为 10956 万人），而 65 岁及以上人口数量为 10956 万人。它们的比例分别为：45.7% 和 54.3%，51.5% 和 48.5%，19.0%、69.0% 和 12.0%（其中，65 岁以上为 8.3%）。

（二）请模仿表格 1 的描述方式用文字描述表格 2 显示的内容并简单介绍后来的人口变化

表 2　2013 年中国人口数及其构成

单位：万人

指　　标	年末数	比重 %
全国总人口	136072	100.0
其中：城镇	73111	53.73
乡村	62961	46.27
其中：男性	69728	51.2
女性	66344	48.8
其中：0 ~ 15 岁	23875	17.5

续表

指 标	年末数	比重 %
16～59 岁	91954	67.6
60 岁及以上	20243	14.9
其中：65 岁及以上	13161	9.7

1. 表格说明

_____

_____

_____

_____

_____

_____

2. 请对比一下两张图表中的数据，并说一下中国人口构成情况的变化

_____

_____

调查研究（一）：概念、选题

1. 问题研究与调查

当我们对一个经济或社会问题进行研究时，可以采用理论研究、调查研究和实验等方式。对一个问题进行调查也可以形成论文和调查报告两种成果。我们这个单元要求的是：确立一个你感兴趣或有研究价值的题目，通过调查获得基本资料，并经过分析研究，就成果写成调查报告。

2. 调查报告的选题原则

调查的选题：如果调查的任务不是由单位或部门定的，而是由个人来选择，那么我们应该考虑以下几点：要选择自己感兴趣、有一定积累的课题；要选择有研究价值的课题；要选择具有一定挑战性的课题，但还须考虑客观条件的限制，选择我们力所能及的课题……

3. 请看下列调查报告的题目。这些选题如果让你选择，你会选择哪一个？为什么？

◆ 全球最新手机市场调查

◆ 关于北京 10 所高校法律专业毕业生求职意向与法律人才需求状况调查

◆ 中国人法规意识与交通守法情况调查

◆ 中国人婚恋观调查

◆ 不同语种的留学生汉语学习问题与优势调查

◆ 为什么很多人会选择去国外留学？中国学生与外国留学生留学目的与留学情况调查

◆ 中国消费市场 10 大消费趋势调查

◆ 在中国最赚钱的职业有哪些——中国行业薪酬调查

◆ 一般大学的大学生住学生宿舍还是住在校外学生公寓或是租住居民房，中国与国外情况有哪些异同

◆ 影响留学生学习兴趣与学习成效因素调查

◆ 中国人理财的首选方式（炒黄金、炒汇、炒股、余额宝、买保险、买基金、储蓄……）

◆ 关于大学生逃课，逃课情况，原因。知名大学的对出勤有哪些规定？学生对相应管理措施的态度。

◆ 中国家庭教育与学校教育都教孩子什么？不同国家家庭教育与学校教育的情况？

4. 请写下你感兴趣且有调查意义的选题，并简述理由（可自选其他选题）

A. _____

_____

B. _____

_____

5. 陈述你的选题理由，并根据兴趣分调查小组

_____

_____

6. 小组讨论，并确定调查选题

请按下面的原则分组讨论涉及的调查报告选题

◆ 从是否有价值，选题是否过易，不需要调查也可知其结论

◆ 调查是否可行的，选题是否过难、过大，在短时间内或依照小组同学的能力不能完成

通过讨论确定本次调查的选题

调查题目：_____

小组成员：_____

组　　长：_____

UNIT 5

第五单元

学习内容:

1. 语句的关系、段落的关系

2. 静态图表的说明方式

3. 动态图表的说明方式

4. 调查报告等研究性文章的选题原则

5. 调查问卷的设计原则

6. 调查报告的结构与写作

学习重点:

1. 语段训练

2. 图表说明

3. 数据分析和数据研究结论

4. 调查报告的写作

第十八课
调查报告（二）

语段训练：请按标准段的形式重新组织下列语句

（一）

① 发展中国家储蓄，发达国家借债。

② 不公平是当今许多国家包括发达国家的主要问题，也是当今世界的主要问题。

③ 从国内经济关系看，发展形成的不公平就是收入不公和贫富悬殊。

④ 放眼当今世界的经济格局，就是世界范围内的国内分配不公和全球范围内的国际分配不公交织。

⑤ 从国际经济关系看，发展形成的不公平就是发展中国家生产，发达国家消费；

1. 先找出概括性的句子作为段首提要句

_____

2. 请按逻辑顺序或语意的承转启合给句子排序，构成完整段落

（　　）—（　　）—（　　）—（　　）—（　　）

（二）

① 而台湾著名投资理财专家黄培源却说，从长期考虑，存钱到银行只是一种保守而又不聪明的理财行为。

② 但实际上，只要把股票作为一种长期投资，每年有20％的收益的话，你将会在20年后拥有一笔非常可观的财富。

③ 大多数人认为将钱存入银行是最安全的，

④ 很多中国人在理财上存在一定的误区。

⑤ 他认为只有股票和房产才是稳定获利的最佳途径。

⑥ 股票在很多人的概念里是一种投机行为，也有不少人因此投机而倾家荡产。

1. 先找出概括性的句子作为段首提要句

_____

2. 请按逻辑顺序或语意的承转启合给句子排序，构成完整段落

（　　）—（　　）—（　　）—（　　）—（　　）—（　　）

图表说明：饼状图、柱状图

02

（一）请用文字描述饼状图所显示的内容

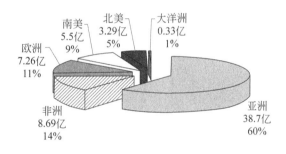

图1　世界各大洲人口分布（2005 年 7 月）

_____

_____

_____

_____

（二）请按一定的顺序描述图中所显示的内容，并作简单的分析说明

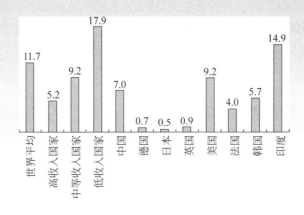

图2　人口年增长主率（‰）的国际比较（2003年）

调查研究（二）：调查方案

1. 请根据选题设计调查方案

调 查 方 案

（1）调查工作的目的、目标（即通过社会调查要实现什么目的，解决什么问题……）：
（2）调查对象、范围：
（3）调查时间（主要考虑需用多少时间完成）：
（4）调查方式、方法（采用什么组织方式和方法取得调查资料。搜集调查资料的方式有普查、重点调查、典型调查、抽样调查等。具体调查方法有文案法、访问法、观察法、问卷调查和实验法等）：
（5）调查内容（具体调查哪些问题，它应该根据调查调查目的等确定）：
（6）调查步骤（主要是调查任务按时间安排，先做什么，后做什么）：

（7）调查的组织和人员分工：

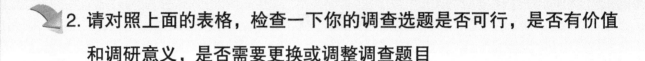 2. 请对照上面的表格，检查一下你的调查选题是否可行，是否有价值和调研意义，是否需要更换或调整调查题目

作业

如果你们小组选择的是问卷调查的形式，请设计调查问卷；

如果你们小组选择的是其他调查形式，请列出详细的计划。

附：设计调查问卷的几点原则

根据调查行业、调查方向和调查规模的不同，问卷的设计在形式和内容上也有所不同，但是无论对于哪种类型的问卷来说，在设计过程中都必须要注意以下几个要点：

1. 卷首最好要有说明（称呼、目的、主办单位和感谢语），如果涉及个人资料，应该有隐私保护说明，如："这次调查完全是为了学术研究，我们采取了严格的保密措施，问卷由调查员统一回收，此问卷不会对您产生任何不良影响。"同时还要有感谢语，来表达充分尊重受调人员的意愿。

2. 明确调查目的和内容，问卷设计应该以此为基础。

在问卷设计中，最重要的一点，就是必须明确调查目的和内容，这不仅是问卷设计的前提，也是它的基础，为什么要做调查，而调查需要了解什么？

3.明确调查对象，问卷设计的语言措辞选择得当。

问卷题目设计必须有针对性，对于不同层次的人群，应该在题目的选择上有针对性，必须充分考虑受调人群的文化水平、年龄层次和合作可能性。除了在题目的难度和题目性质的选择上应该考虑上述因素，在语言措辞上同样需要注意这点。避免被调查者可能不明白的缩写、俗语或生僻的用语。

4.问题数量合理化、逻辑化、规范化。

问题的形式和内容固然重要，但是问题的数量同样是保证一份问卷调查是否成功的关键的因素。由于时间和配合度的关系，人们往往不愿意接受太长太难的问卷。即使接受了，也不可能认真地完成，这样就不能保证问卷答案的真实性。所以问题数量要适量，并且问题要容易回答。

同时在问题设计的时候也要注意逻辑性的问题，可以对相关类别的题目进行分类，使被调查者一看就知道。另外，主观性的题目应该尽量避免，或者换成客观题目的形式。如果确实有必要的话，应该放在最后面，但也不宜超过两个。

5.在问卷设计的时候，就应该考虑数据统计和分析是否易于操作。

为了更好地进行调查工作，除了在正确清楚的目的指导下进行严格规范的操作，还必须在问卷设计的时候就充分考虑后面的数据统计和分析工作，具体来说包括题目的设计必须是容易录入的，并且可以进行具体的数据分析，即使是主观性的题目在进行文本规范的时候也要具有很强的总结性，这样才能使整个环节更好地衔接起来。而且问题和答案应该具体。例如，您的家庭收入是多少？应该具体到什么时候，什么收入（税前或税后）。

6.问卷设计完以后，应该进行小范围预测，发现问题后进行修改。

UNIT **5**

第五单元

学习内容：

1. 语句的关系、段落的关系

2. 静态图表的说明方式

3. 动态图表的说明方式

4. 调查报告等研究性文章的选题原则

5. 调查问卷的设计原则

6. 调查报告的结构与写作

学习重点：

1. 语段训练

2. 图表说明

3. 数据分析和数据研究结论

4. 调查报告的写作

第十九课
调查报告（三）

语段训练：请看下列句子，并完成后面的练习

① 从这份报告所给的数据来看，移动办公似乎有百利而无一害，而且在中国已经发展非常成熟，但是事实并非数据显示的如此美好。

② 《2014 年 VMware 消费者调查报告》显示：受访员工认为，如果企业能够支持其访问企业网络或物理设备，

③ 如果安全不能保障，那么数据泄露或者被攻击都将使得企业遭受损失。

④ 之所以提出这样的观点主要是因为移动办公不够安全，员工使用自己的移动设备或者 PC 访问公司邮箱或者其他应用时是否是在一个安全的环境下，特别是智能手机或者平板，其系统安全是否能够满足企业需求很难说，

⑤ 而且 93% 的中国受访员工表示，企业应该为员工使用个人设备办公提供与在办公室工作相同的 IT 支持。

⑥ 他们可以提高在外办公的效率（54%），更好的响应客户需求（52%）以及远程无缝办公（49%），

请按文章的逻辑顺序为句子排序

（　　）—（　　）—（　　）—（　　）—（　　）—（　　）

图表说明：线段图表

　　在动态数据图表中，常见图表为线段图表与柱状图表。此类图表的文字说明和文字描述要注意变动，变化的速度、幅度和整体趋势等运动形态。常用的词汇、句型有："呈……态势""增加""上升""盘升""攀升""回升""复苏""下降""减少""持平""平稳""波动""巅峰""顶部""底部""谷底""陡然""缓慢""大幅度（大幅、巨幅）""略有 / 略微"……

请用文字描述图中所显示的内容

图　2008—2012 年税收收入及其增长速度

要求： 先分述每年税收收入情况，比上年增加值或增长率，然后再作整体说明，如整体发展状况、五年中增长最多的年份和最少的年份。最后尝试对图表所反映的情况做简要的分析说明。

_____

_____

_____

_____

_____

_____

调查研究（三）：调查对象的选择与调查方式的选择
03

（一）根据下面的"调查题目"，说说该调查的"对象与范围"的选择是否恰当

1. **调查题目：** × 省中国电信用户服务满意度调查

   调查对象、范围：

   男性 10 名、女性 10 名、老人 10 名、公务员 10 名、大学生 10 名

2. **调查题目**：关于"网络暴民"行为影响调查

   调查对象、范围：

   博主（开博客的网民）50名、一般网络作者50名、一般网络读者50名、跟帖言辞过激网民50名

3. **调查题目**：中国人交通行为与交通意识现状调查

   调查对象、范围：

   退休人员若干名、在职工作人员若干名、学生若干名……

4. **调查题目**：本市消费状况与消费习惯调查

   调查对象、范围：

   退休人员若干名、在职工作人员若干名、学生若干名……

5. **调查题目**：个人网络银行使用状况调查

   调查对象、范围：

   股民若干名、基金购买者若干名、网上购物者若干名、一般用户若干名

（二）请看下面的"调查题目"，说说应该采用什么样的"调查方式方法"

1. **调查题目**：×省中国电信用户服务满意度调查

   调查方式方法： _____

2. **调查题目**：关于"网络暴民"行为影响调查

   调查方式方法： _____

3. **调查题目**：中国人交通行为与交通意识现状调查

   调查方式方法： _____

4. **调查题目**：本市消费状况与消费习惯调查

   调查方式方法： _____

5. **调查题目**：个人网络银行使用状况调查

   调查方式方法： _____

（三）请根据你调查报告的选题，试着讨论一下你在调查方案中初步选择的调查对象和调查方式是否合理

（四）预测：交换调查问卷，并检查对方的调查问卷的调查项目或内容

1. 是否有完整的标题和卷首语

2. 问题设计是否是反映调查目的

3. 问题分布是否有逻辑性

4. 问题和选项的设计是否严谨

5. 主观题是否不超过一两项

6. 语言和问题的难度是否与调查对象相适应

7. 题量是否适中（回答问卷的时间 10~12 分钟比较适宜）

8. 问卷设计时数据是否便于统计（不定项选择题、主观题）

9. 提出对方可能不愿意回答的问题是否用了委婉的方式

（五）小组活动：重新检查并完善本组的调查问卷

1. 卷首是否有说明（称呼、目的、主办单位和感谢语）部分：是、否

2. 问卷是否根据调查目的和内容来设计的：是、否

3. 根据调查对象，检查问卷设计的语言措辞和内容

（1）调查对象是否适合调查目的和调查内容：是、否

（2）是否适合调查对象的文化水平、年龄和合作可能性：是、否

（3）问卷题目设计是否有针对性：是、否

（4）题目的难度的选择上是否恰当：是、否（个别不符合的请注明）

（5）语言措辞上是否恰当，是否有被调查者可能不明白的缩写、俗语或生僻词语：是、否

4. 问题（调查项目）数量合理化、逻辑化、规范化

（1）问题数量是否合理：是、否

（2）问题分布是否有逻辑：是、否

（3）是否有主观性的题目：是、否

（4）如果有主观性的题目，是否可以转换成客观题：是、否

（5）主观性的题目是否太多：是、否

（6）主观性的题目是否放在了最后：是、否

5. 数据统计和分析是否易于操作：是、否

调查问卷评议

留学生汉语学习情况调查问卷

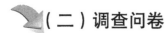

（一）调查方案相关内容

1. **调查题目**：留学生学习汉语情况的调查

2. **调查工作的目的**：了解以及分析留学生学习汉语的情况并提出建议

3. **调查对象**：调查 60 位对外经贸大学的留学生

4. **调查方式**：采用问卷调查方式

5. **调查内容**：

（1）了解留学生的学习态度

（2）了解留学生的学习方法

（3）了解留学生学习方法的效果

（二）调查问卷

亲爱的同学，你好！

我们需要做一个调查关于大学本科生留学生学习汉语的报告，下面是调查的

内容。感谢你愿意耽误宝贵时间来帮我们完成这份问卷调查。你的答案将不会对外公布，而且回答正确与否无关紧要，所以你无须有任何顾虑。谢谢你的合作！

你的性别：＿＿＿＿　　　　你的国籍：＿＿＿＿

1. 你的年级：

    A. 大一　　　　　B. 大二　　　　　C. 大三　　　　　D. 大四

2. 在课余时间，你用多少时间来学习汉语：

    A. 大概一个小时以下　　　　B. 一到三个小时

    C. 三个小时以上　　　　　　D. 完全没有

3. 你学习汉语的习惯是：

    A. 课前预习，上课认真听讲，作好笔记，课后练习以及复习

    B. 上课认真听，此外经常跟中国人交流

    C. 只是上课听听而已

    D. 其他：＿＿＿＿＿＿＿＿＿＿＿＿＿＿＿＿＿＿＿＿＿＿＿＿＿＿＿＿

4. 你学习汉语的方法是：

    A. 以自学为主

    B. 以教师讲解为主

    C. 老师讲解与自学相结合

    D. 其他方法：＿＿＿＿＿＿＿＿＿＿＿＿＿＿＿＿＿＿＿＿＿＿＿＿

5. 你对汉语学习感到：

    A. 轻松　　　　　　　　　　B. 有时候很轻松，有时候很困难

    C. 有一点困难　　　　　　　D. 很困难

6. 你的汉语成绩（平均）一般是：

    A. 90 分以上　　　　　　　 B. 80 ~ 90 分

    C. 70 ~ 80 分　　　　　　　D. 70 分以下

7. 你认为汉语学习最重要的部分是：（按重要程度进行顺序）

A. 词汇　　　　　B. 语法　　　　　C. 口语　　　　　D. 阅读

E. 写作　　　　　F. 听力

1.	2.	3.	4.	5.	6.

你为什么这么认为：＿＿＿＿＿＿＿＿＿＿＿＿＿＿＿＿＿＿＿

8. 你的听力学习方法：

A. 边听边想，积极思维，重在理解，加强练习

B. 多听新闻，经济方面的节目

C. 只听录音

D. 听音乐，看电影，电视剧等

E. 其他：＿＿＿＿＿＿＿＿＿＿＿＿＿＿＿＿＿＿＿＿＿＿＿

9. 你觉得你的口语达到什么程度：

A. 非常流利

B. 可以用简单的汉语进行交流

C. 能说一段话，但表达不出来自己要说的话

D. 其他：＿＿＿＿＿＿＿＿＿＿＿＿＿＿＿＿＿＿＿＿＿＿＿

10. 你的口语学习的方法：

A. 多和中国人交流、交中国朋友

B. 和同学之间多用汉语交流

C. 跟着广播、电视、影视剧说汉语

D. 充分利用课上时间跟老师学习，并注意纠正自己的错误

E. 其他：＿＿＿＿＿＿＿＿＿＿＿＿＿＿＿＿＿＿＿＿＿＿＿

11. 你怎么积累词汇：（多选）

A. 熟记课文的内容　　　　　　　　B. 看报纸

C. 看新闻　　　　　　　　　　　　D. 看中国电影，电视剧等

E. 其他：＿＿＿＿＿＿＿＿＿＿＿＿＿＿＿＿＿＿＿＿

12. 你的阅读技巧是：

    A. 带着问题阅读　　　　　　B. 快速阅读（略读、跳读）

    C. 找关键词、句子　　　　　D. 通读全文再做题

    E. 其他：＿＿＿＿＿＿＿＿＿＿＿＿＿＿＿＿＿＿＿＿

13. 在 30 分钟内，你的大概能写多少个字的短文：

    A.200 以下　　　　　　　　B. 200 ～ 300

    C.300 ～ 400　　　　　　　D. 400 以上

14. 你在汉语写作上最大的困难是：

    A. 词汇有限　　　　　　　　B. 句子的语法问题多

    C. 格式不标准　　　　　　　D. 不知道文章写什么

    E. 不知道文章怎么写

    F. 其他：＿＿＿＿＿＿＿＿＿＿＿＿＿＿＿＿＿＿＿＿

15. 你认为提高汉语水平的最重要的因素是什么？

＿＿＿＿＿＿＿＿＿＿＿＿＿＿＿＿＿＿＿＿＿＿＿＿＿＿＿＿＿＿＿

＿＿＿＿＿＿＿＿＿＿＿＿＿＿＿＿＿＿＿＿＿＿＿＿＿＿＿＿＿＿＿

再次感谢你的支持和配合！

UNIT 5

第五单元

学习内容：

1. 语句的关系、段落的关系

2. 静态图表的说明方式

3. 动态图表的说明方式

4. 调查报告等研究性文章的选题原则

5. 调查问卷的设计原则

6. 调查报告的结构与写作

学习重点：

1. 语段训练

2. 图表说明

3. 数据分析和数据研究结论

4. 调查报告的写作

第二十课
调查报告（四）

语段训练：请看下列句予，并完成后面的练习

① 2003 年创建的淘宝网是国内领先的个人网上交易平台，任何人都可以在上面进行自由买卖。

② 马云并不满足于现有的成绩，他还有很多新举措，例如，开发余额宝等金融产品，进军网络金融市场。

③ 马云拥有两个电子商务平台——阿里巴巴和淘宝网。

④ 这两个平台把中国的网民带入了一个真正的全民"网商"的时代。

⑤ 阿里巴巴促成了许多企业之间的合作，很多企业在这里找到了满意的客户和供应商，其中包括不少世界知名的企业，如沃尔玛、家乐福、通用、克莱斯勒等都被吸引过来，通过阿里巴巴找到了更优质的货源。

⑥ 有人预言，他将是替代李嘉诚成为亚洲首富的人，不久之后，或许这一天真的就会到来。

⑦ 1999 年，他创办了阿里巴巴网站，为企业和企业之间提供交易平台，现在，它已经成为全球最大的网上交易市场，有将近两千万的企业客户在这里进行交易，企业每天在这里发布供求信息有将近两亿条。

⑧ 他认为，在"网商"时代，网民不再简单地着迷于读资讯、谈天、游戏、交友等纯粹的网络消遣，而是开始真正把互联网看作是生产力，真正从网络中创造财富。

⑨ 你可以在上面拍卖自己的个人用品，或者直接开一个"网店"向顾客进行零售。如今，淘宝网走进了许多中国人的生活，2010 年，有大约 3.7 亿用户在淘宝上注册，交易额达 4000 亿元人民币，在国内市场份额中占 70%。

⑩ 马云是中国电子商务行业的重量级人物。早在十几年前，他就曾经预言："互联网将由'网民'和'网友'时代进入到'网商'时代。"

1. 请将以"马云"为中心的句子标注出来，并排列成序

_____

2. 请将有关阿里巴巴的内容挑选出来，并排列成序

_____

3. 请将有关淘宝网的内容挑选出来，并排列成序

_____

4. 请根据文章的逻辑线索和写作规律将上面的内容重新排序并分段

（　　　）—（　　　）—（　　　）—（　　　）—（　　　）—（　　　）—（　　　）—

（　　　）—（　　　）—（　　　）

图表说明与分析

描述图中所显示的内容并参考所给理论分析期间的税收负担

相关理论：

税收弹性系数亦称税收收入弹性，是衡量税收负担水平的一个重要指标，其公式是：税收弹性系数 = 税收收入增长率 / 经济增长率。

根据上述公式计算的结果，若税收收入弹性系数等于 1，说明税收收入的增长与经济增长同步，纳税人整体税负不变；若税收收入弹性系数小于 1，说明税收增长速度低于经济增长速度，纳税人整体税收负担减轻；若税收收入弹性系数大于 1，说明税收增长速度快于经济增长速度，纳税人整体税收负担增加。一般来说，这一指标在 0.8~1.2 之间属于正常，过低或过高，都说明在税制设计、税收征管或者其他方面出了问题，需要关注与矫治。

新商务汉语阅读与写作教程

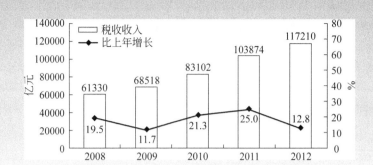

图 1　2008—2012 年税收收入及其增长速度

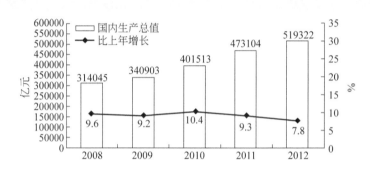

图 2　2008—2012 年国内生产总值及其增长速度

1. 税收弹性系数 = 税收收入增长率 / 经济增长率，所以应该先介绍什么，后介绍什么？

_____

_____

2. 根据上述公式计算的税收弹性系数的结果：2008—2012 年，税收弹性系数分别为多少？

_____

_____

3. 根据所给理论，进行纳税人整体税收负担情况的分析：

_____

_____

写作：

_____

_____

_____

_____

_____

_____

_____

_____

_____

_____

_____

_____

调查研究（四）：结构、内容

（一）调查报告的结构

调查报告由标题、导语、主体、结尾四部分组成。

（二）调查报告的标题

1. 公文式标题——<u>2007 年 2 月</u> <u>手机消费状况</u> <u>调查报告</u>

      （时间） （调查内容）（文种）

     关于<u>我市中青年购房意愿</u>的<u>调查</u>

       （调查内容） （文种）

2. 文章式标题：性别比例失衡导致城乡婚俗巨变（观点式标题——结论）

3. 双标题形式：

   主题：观点——调查结论

   副题：关于 + 调查内容 + "调查"

   质量 服务 价格 环境是商店吸引顾客的保证（主题）

      ——关于大中型商业场所吸引力调查（副题）

（三）导语

1. 情况概述（调查目的、时间、范围对象、方式方法，其他说明事项）

2. 有时加调查总结论

（四）主体

主要有两种分条列项的形式：

  结构方式一（按"项目"或"调查内容"分条列项）

    调查项目一

      相关情况介绍

      调查结果（数字、情况）分析说明

      结论

    调查项目二（略）

    调查项目三（略）

  结构方式二（按结论：即对调查结果进行分析，形成的结论分条列项）

    调查结论一

相关情况介绍

调查结果（数字、情况）分析说明

重复结论或总结

调查结论二（略）

调查结论三（略）

（五）结尾

一般有三种形式或内容

1. 重复调查结论，展望发展趋势

2. 结论＋建议

3. 建议

作业

1. 根据实地调查的结果进行统计和分析。

2. 拟写调查报告提纲。

3. 根据调查报告提纲，检查调查结论是否充分，是否合理。如果存在明显问题，请加其他辅助调查方式，如采访等，完善调查。

附：调查报告例文

当代大学生课外阅读现状调查

在 2014 年世界读书日到来之际，我校图书馆联合本市《南江日报》再次对大学生每天阅读时间量、阅读书籍类别、阅读书籍来源以及影响阅读的最大因素进行了问卷调查。本次调查采用抽样调查方式，执行样本 1000 份，有些样本 984 份，其中文史类学生比例 35%，理科类人数比例 26%，本科生占总样本的 98.6%，女生样本 67.8%。调查显示，超四成大学生每天平均课外阅读半小时，课外读物选择中，文学和休闲类占到一半以上。60%的大学生主要为兴趣爱好。近50%的同学表示繁忙的课堂学习和作业是影响自己课外阅读的最大因素。近20%的同学认为课外活动太多，没有时间阅读。也有20%的同学认为虽然有时间，无法静下心阅读是最大的原因。

通过对调查数据的进一步分析，当今大学生课外阅读习惯表现出如下特征：

一、人文社科类图书居阅读量榜首

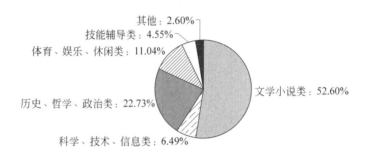

图3　课外阅读类型

调查发现，文学小说类的课外书籍是大学生课外阅读的首选。超过半数的学生首选文学小说作为阅读对象，其次，历史、哲学、政治类书籍的读者也不少，近22.7%的同学选择用这类书籍丰富课余时间；有1/10的同学喜欢阅读娱乐休闲类书籍，而选择科技信息和技能专业类书籍的人数则在10%左右。

二、传统纸质阅读量仍很可观

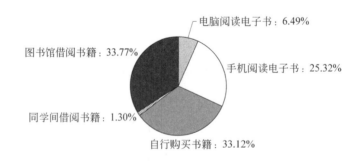

图4　课外书籍阅读来源

本社调查发现，在课外书籍阅读来源调查中，从图书馆借阅书籍、自行购买书籍以及阅读电子书籍三者各占比1/3，纸质书籍的阅读量仍很可观。

在智能设备发展迅速、电子书下载途径多样化的科技条件下，同学们依旧以选择阅读纸质书为首选，体现出纸质书在某些方面的确优越于下载、携带方便的电子书。来自新闻学院的某同学表示，电子书的阅读体验远没有纸质书好。虽然电子荧幕上的字清晰度不错，成本低廉，携带方便，但看屏幕时总不能沉下心阅读，往往一目十行，不知其所以。而只有纸质书油印的宋体字能让人静心阅读。

三、可支配时间少、心情浮躁是影响大学生读书的主要因素

图5 影响大学生阅读的因素

在调查中，近50%的同学表示繁忙的课堂学习和作业是影响自己课外阅读的最大因素。近20%的同学认为课外活动太多，没有时间阅读。也有20%的同学认为虽然有时间，无法静下心阅读是最大的原因。时间和心理成为阻碍学生养成课外阅读习惯的两大阻碍。机械与动力工程学院的某同学表示，学业比较紧张，课程又太满，平时有较少时间阅读。而也有同学则表示现在娱乐休闲的方式太多，习惯于网上浏览信息等。

大学生是社会的一个特殊群体，是社会新技术、新思想的前沿群体。大学阶段是学生世界观和人生观形成的重要阶段，而阅读作为一项良好的学习习惯，会潜移默化地影响大学生的素质。针对目前大学生的读书现状，我们有责任进行反思，从中找到解决问题的最佳途径和方法。

首先从学校的角度说，应该加强引导，并以灵活多样的形式引导学生明确大学的培养能力的目标，实现课外阅读的多样化、合理化，真正使学生对课外阅读产生兴趣。学校图书馆也应该提供更多的便利条件，比如，延长开馆时间，网络

提速，更多的阅读资源电子化，等等。

其次是从学生的角度说，应该抓住点滴时间，养成良好的读书习惯；树立远大理想，克服读书的功利性；培养广泛兴趣，不断完善阅读结构……从而为实现成为适合社会需要的人才、实现个人的远大目标奠定坚实的基础。

单元练习

一、调查报告的写作训练

请看下列调查结果图，试写调查报告的主体部分的小标题

① 你对下面哪些内地手机品牌印象更深？（多选）

华为		18.0%	303 351票
联想		17.9%	301 207票
小米		16.5%	278 167票
酷派		15.7%	265 041票
魅族		14.8%	248 585票
中兴		14.3%	240 054票
OPPO		1.4%	23 184票
步步高		0.8%	13 335票
金立		0.4%	6 201票
TCL		0.1%	2 485票
海尔		0.1%	1402票
海信		0.1%	1355票

图1 国产手机品牌

② 你会选择什么价位的国产手机？（多选）

1001~1500元		57.8%	510 489票
1501~2000元		29.7%	262 177票
2001~2500元		4.6%	41 089票
501~1000元		4.1%	36 394票
2501~3000元		2.0%	17 637票
0~500元		0.7%	6 188票
3001~4000元		0.6%	5 230票
4000元以上		0.5%	4 572票

图2 国产手机价格偏好

③ 你认为目前国产手机主要问题有什么？

质量难以保证		33.8%	72 822票
外观设计一般		15.1%	32 392票
系统界面易用性差		14.5%	31 163票
售后服务不佳		14.0%	30 090票
品牌知名度低		13.2%	28 297票
高端机型少		9.5%	20 389票

图 3　国产手机的主要问题

1. 请用调查项目小标题形式试写调查报告的主体

_____

_____

_____

2. 请用结论式小标题形式试写该调查报告的主体

_____

_____

_____

二、根据调查报告的主体结构方式，检查你的调查报告提纲是否科学、合理

三、请你复习一下调查报告的结构和内容，并回答

调查报告标题可以有几种形式，它们分别是什么？

_____

_____

调查报告的导语可以写什么、怎么写？

_____

_____

调查报告的结尾可以写什么、怎么写？

_____

_____

四、标点符号练习——分号（；）

  "；"的用法：1.并列的分句之间用分号。例如：语言，人们用来抒情达意；文字，人们用来记言记事。2.非并列关系的多重复句，为了分清层次，第一层分句后有时也用分号分隔。例如：散文比较短，既能够敏捷地反映迅速变动的事物，又方便报纸杂志及时刊登；因此，散文创作风气的浓厚与否，和我们社会各方面的风貌能否被充分地生动地反映到文学里面来，大有关系。3.分号也可以用于分项列举。例如：中华人民共和国的行政区域划分如下：（一）全国分为省、自治区、直辖市；（二）省、自治区分为自治州、县、自治县、市；（三）县、自治县分为乡、民族乡、镇。

  分号使用时注意与"、""，"区别。从停顿长短看，"、"小于"，"小于"；"。从语法、句法关系看，"、"用在并列的词语、词组之间，即同为主语、谓语、宾语、定语、状语、补语。如：来这儿参加比赛的有湖南、湖北的中学生，北京、上海的大学生。"；"用有并列、对比或转折关系的句子之间，它们常和前后的内容，共同构成并列关系，或共同组成一个表达意义密切联系的复句群。

1. 纵比_____即以一事物的各个发展阶段作比_____横比_____则以此事物与彼事物相比_____

2. 有人做了一个有趣的实验_____发现_____人在心情愉快时_____血压可降低20毫米汞柱_____每分钟的脉搏可减少七八

次_____反之_____精神忧郁_____血压在短时间内迅速上升_____胆固醇含量相应提高_____

3. 在这载歌载舞的表演中_____老年人的心情变得更加舒畅_____中年人由此想起了祖国光彩夺目的历史_____青年人呢_____啊_____青年人头一次发现_____除了迪斯科室内乐之外_____我们中国还有这么好看的艺术——京剧_____

4. 一名公交车司机行车途中突发心脏病_____在生命的最后一分钟里_____做了三件事_____

——把车缓缓地停在马路边_____并用生命的最后力气拉下了手动刹车闸_____

——把车门打开_____让乘客安全地下了车_____

——将发动机熄火_____确保了车和乘客_____行人的安全_____

五、单元写作

完整调查报告的写作

要求：1. 字数在 1500 字以上

2. 有图表、图表说明和分析

3. 采用分条列项形式，用小标题或段首提要的标准段形式写作

4. 请按小组呈交下列文件：（1）调查问卷或调查方案（空白）

（2）回收的调查问卷

（3）调查报告（每个人独立完成）

5. 写作中如发现调查缺陷使你的分析不能深入，结论不能顺利得出，请回到调查环节，采用其他调查方式弥补缺陷

UNIT 6

第六单元

学习内容：

1. 语段：语句的逻辑连缀（关联词）及语段的书面
表达

2. 文章摘要：摘要的概念、方法和要求

3. 理论研究的方法：选题原则、资料的收集与选
择、数据对比与研究、以数据为基础的论证

4. 理论文体（论文）的特点与结构

学习重点：

1. 语段综合训练

2. 理论问题的研究

3. 数据的说明

4. 统计数据分析和结论

5. 小论文的写作

第二十一课
理论研究（一）

阅读并做摘要

01

摘要又称内容提要，是简明、确切地记述文献重要内容或主题思想的短文。摘要是全文内容的高度提炼，具有短、精、完整三大特点。摘要应具有独立性和自明性，即不阅读原文的全文，就能获得必要的信息。

摘要的写作：应该使用第三人称；应该按原文的逻辑顺序组织；应该对原文的长句应该进行压缩；尽量用正常语序；删除细节、删除例释和相应的说明，只保留主要观点，更不要加评论和补充解释；摘要的长度没有统一的规定，但最长不能超过原文的三分之一；应该用一个段落完成。

任何事物都有内在的调控规律，人口也一样。似乎有一只看不见的手，在调控着人口的数量，在古代通过战争、饥荒、自然灾害、疾病和瘟疫等激烈手段（我们姑且称之为"左手"）；现在通过不明原因的生育能力下降（我国不孕不育人群比例 20 年增 10 倍，已从 20 世纪 70 年代的 1%～2% 上升至现在的 12.5%，接近发达国家 15%～20% 的比率）、晚婚、离婚、避孕、养老社会化、养育成本增高、减少性生活（电视、电脑等娱乐活动）、降低生育愿望等温柔手段（姑且称之为"右手"）。人类文明的进步导致调控人口的手段由"左手"换成"右手"。

在过去"左手"引起的高死亡率的时期，人类繁衍非常缓慢，在这个过程中无数民族相继灭绝，整个人类也曾几度到了灭绝的边缘，为了维持民族的生存，就必须有高生育率；而近代随着科技的进步，人类掌握了对付传染病和自然灾害的能力，大大削弱了"左手"的力量，死亡率下降，寿命延长，这个时期如果仍然维持高生育率，就会出现人口过度膨胀，这个时候"右手"的作用就开始显现。这种"左手""右手"交替调控的方式，决定了人口呈 S 形变化：数千年的低水平平稳期，两百多年的急剧上升期，然后是人口高水平平稳期。这种"左右手"交替过程中存在一个"窗口期"，这个时期生育率仍然高，但死亡率已经开始降低，寿命开始延长，这就是人口 S 曲线的上升期，这个"窗口时期"越长，人口增加越快，一个民族占全球份额越大。任何国家在这个"窗口时期"都会有人口压力，英国在 18 世纪处于这个"窗口期"时马尔萨斯写下人口论就是明证。但也正是这个"窗口时期"充满生机、活力，是一个国家国力上升最快的时期，大量年轻有活力的人口本身就意味着巨大的创造力，在人口压力面前人类的创新精神是无止境的，十八九世纪欧洲处于这个"窗口期"的时候完成了产业革命，奠定现代文明的根基。现在中国和印度的高速发展也得益于这个"窗口期"，这个时期会涌现出大量的科技和思想的创新，对此要加以鼓励而不是打击。这个"窗口期"也是一个混乱的时期，一个容易出错误的时期，一旦失误将导致国家和民族从此走向衰败，因此为政者需要有清醒的头脑，树立起可持续的发展观。

 请画出上文中的观点部分，并做摘要

书面语及语段训练——关联词

 请在横线上选择最恰当的词填空

　　在文章写作中，单句和单句之间常有各种联系，它们除了以总分关系、并列关系组合成段外，还可以按条件、转折、递进、因果、假设、让步等关系组合成段落。它们之间通常用一些关联词语来连接。如并列关系的"一方面…一方面""既…又、也、又、还、同时"；选择关系的"或者…或者""不是…就是""与其…不如""宁可…也要 / 不"；条件关系的"只要…就""只有…才""凡是…都""除非…才"；承接关系的"首先、其次、再者、此外、最后""便""于是"……关联词的使用不仅可以标明分句间的关系，而且可以使语句听起来和看起来自然、流畅。

（一）

在地球上所有有生命的个体中，人是最聪明最高级的。每个人都有不同于其他人的性格特征和体貌特点，_____1_____每个人的皮肤、头发和眼睛的特征也各不相同。_____2_____是一模一样的双胞胎，_____3_____他们的遗传物质相同，除了指纹，他们也还有很多别的不同之处。

1. A. 虽然　　　　B. 可是　　　　C. 不仅　　　　D. 而且

2. A. 即使　　　　B. 有人　　　　C. 因为　　　　D. 必须

3. A. 所以　　　　B. 虽然　　　　C. 认为　　　　D. 也许

（二）

沃尔玛_____1_____向顾客提供更多的实惠，而尽量缩减广告费用。_____2_____，它在促销创意上颇费心思，力争以最少的投入获取最佳的效果。_____3_____沃尔玛一而再、再而三地缩减其广告开支，但是在对非营利组织和公益事业进行捐赠时却十分慷慨。_____4_____许多零售企业很少愿在公益事业上有所投入，因为短期直接利益不明显，他们所关心的往往是应季的促销宣传等。其实捐助公益事业是一项长期的投资，从长远来看对于提高品牌知名度，提升企业形象都有着不容忽视的作用。

1. A. 由于　　　　B. 为了　　　　C. 如果　　　　D. 不仅

2. A. 为此　　　　B. 但是　　　　C. 从此　　　　D. 实际上

3. A. 因为　　　　B. 无论　　　　C. 尽管　　　　D. 由于

4. A. 而且　　　　B. 另外　　　　C. 而　　　　　D. 除此之外

理论研究（一）：选题与研究的过程

03

"理论问题研究"对应的是"调查研究"。这是研究的两种基本方式。调查研究的成果可以是调查报告，也可以是论文，但理论问题研究的成果多为论文形式。我们在本单元训练重点在两个方面，一是搜集能力的培养；一是能够用数据分析的方法证明某种观点的真伪（证明个人或他人观点的正确、证明他人观点的谬误）。此外，我们还希望经过训练的学生，知道怎么去做研究，即从哪里开始准备、怎么去研究课题、去找哪些资料……

（一）请回顾并简述你专业课论文或论题的完成过程

你是怎么选题的？

你是怎么查资料的？查了哪些资料？

你的观点是怎么得出的？

你有哪些经验和教训？

（二）简答：如果让你研究"人口与经济"的相关问题，你要做哪些准备，查阅哪些资料？

（三）关于人口问题，请回答

1. 就你所知，人口与经济有怎样的关系？

2. 你的国家的人口及经济发展水平处于哪种状况？

3. 你的国家的人口现状与哪些因素相关?

4. 你所知道的世界人口状况有哪些主要特点? 现在的世界人口数量是多少?

（四）关于中国的人口问题，请你口述

1. 根据第五单元的图表说明，你认为中国的人口状况有哪些特点，现状如何?

2. 中国现在的人口状况与你国家有哪些不同?

3. 在下列人口与经济相关的概念中你认为哪些与中国的人口问题或世界人口问题密切相关?

人口红利：

在经济学上，人口红利（Demographic dividend）是指因为劳动人口在总人口中的比例上升，所伴随的经济成长效应。它通常发生在人口过渡时期（Demographic transition）晚期，此时因为生育率下降，使得受抚养的青幼年人口减少。该理论1998年首次由哈佛大学教授戴维·布鲁姆与杰弗里·威廉森提出。这两位经济学家认为1965年至1990年东亚经济增长（以人均收入衡量）中有至多三分之一都可能要归功于人口结构变化所带来的人口红利。（选自维基百科）

刘易斯拐点：

刘易斯拐点，即劳动力过剩向短缺的转折点，是指在工业化过程中，随着农村富余劳动力向非农产业的逐步转移，农村富余劳动力逐渐减少，最终枯竭。由诺贝尔经济学奖得主刘易斯在20世纪50年代"人口流动模型"中提出。

人类发展指数（Human Development Index，简称 HDI）：

人类发展指数，是联合国开发计划署（UNDP）从1990年开始发布用以衡量各国社会经济发展程度的标准，并依此区分已开发（高度开发）、开发中（中度开发）、低度开发国家。指数根据平均预期寿命，识字率，国民的教育和生活水平计算出，在世界范围内可以进行国与国间的比较。（选自维基百科）

总和生育率（total fertility rate，简称 TFR）：

总和生育率也称总生育率，是指该国家或地区的妇女在育龄期间，每个妇女

平均的生育子女数。这种生育率计算方式，并非建立在真正一组生育妇女的数据上，因为这涉及等待完成生育的时间。此外，这种计算模式并不代表妇女们一生生育的子女数，而是基于妇女的育龄期，国际传统上一般以 15 岁至 44 岁或 49 岁为准。一般来讲如果总和生育率小于 2.1，新生人口不足以弥补生育妇女和其伴侣数量。（选自维基百科）

人口老龄化：

人口老龄化是指总人口中因年轻人口数量减少、年长人口数量增加而导致的老年人口比例相应增长的动态过程。国际上通常把 60 岁以上的人口占总人口比例达到 10%，或 65 岁以上人口占总人口的比重达到 7% 作为国家或地区进入老龄化社会的标准。（选自百度百科）

人口密度：

一定时期单位土地面积上居住的人口数，通常以每平方公里常住的人口数来表示，它反映人口的稠密程度。通常用于计算一个国家、地区、城市或全球的人口分布状况。适当的人口密度能够保证良好的居住、卫生及经济条件。

人口迁移：

即人口在地理上的位置变更。人口为了某种目的或动机，离开原来的居住地，称为人口迁移。原因可能包括资源短缺、气候变迁、战争、奴隶贸易、种族清洗、政治迫害、经济压力等。

城市化：

城市化，又称城镇化，是指伴随着工业化进程的推进和社会经济的发展，人类社会活动中农业活动的比重下降，非农业活动的比重上升的过程，与这种经济结构变动相适应，乡村人口与城镇人口的此消彼长，同时居民点的建设等物质表象和居民的生活方式向城镇型转化并稳定。一般城镇化水平以都市人口占全国人口的比例来评定，数值越高，城镇化水平越高。

逆城市化：

20 世纪 70 年代以来，发达国家以及一些大城市中心市区郊区人口向外迁移，迁向离城市更远的农村和小城镇，出现了与城市化相反的人口流动的现象。逆城市化也称城市中心空洞化。具体表现在大城市中心区萎缩，中小城镇迅速发展；乡村人口数量增多，城市人口向乡村居民点和小城镇回流。逆城市化不是城市化的衰败，而是城市化扩展的一种新形式，它是建立在城乡差别近于消失、形成一体化的基础上，乡村、小城镇的交通、水、电、信息等设施完善，再加上优越的自然风光，吸引了久在城市中面对浑浊空气、噪声的大城市居民到乡村、城镇暂住、定居，从而导致逆城市化现象，如美国、西欧的一些发达国家，逆城市化现象明显。

贫困陷阱与中等收入陷阱：

发展经济学中的贫困陷阱：就是指由于经济中存在恶性循环，而使发展中国家陷于贫困落后之中难以摆脱。贫困陷阱可分为两种：技术陷阱和人口陷阱。其中"人口陷阱"是指，任何超过最低水平的人均收入的增长都会被人口增长所抵消，最终又退回到原来的最低水平。这一理论认为，人口陷阱的存在是发展中国家人均收入停止不前的根本原因。发展中国家要解决人均收入停滞不前的状况，就必须千方百计从陷阱中跳出来。为此，就必须有大规模的投资，从而使总收入达到一个较高的水平，使人均收入水平的增长速度大大地超过人口增长的速度。

中等收入陷阱：是指当一个国家的人均收入达到中等水平后，由于不能顺利实现经济发展方式的转变，导致经济增长动力不足，最终出现经济停滞的一种状态。一个经济体从中等收入向高收入迈进的过程中，既不能重复又难以摆脱以往由低收入进入中等收入的发展模式，很容易出现经济增长的停滞和徘徊，人均国民收入难以突破1万美元。进入这个时期，经济快速发展积累的矛盾集中爆发，原有的增长机制和发展模式无法有效应对由此形成的系统性风险，经济增长容易出现大幅波动或陷入停滞。大部分国家则长期在中等收入阶段徘徊，迟迟不能进入高收入国家行列。

作业

1. 请你用 1 小时的时间，在网上浏览关于人口问题的理论、人口与经济的关系或者你的国家的人口增长过程，看看摘要中的"S"形是否存在。

2. 写出你感兴趣的人口话题（2~3 个）

A.

B.

C.

UNIT **6**

第六单元

 学习内容：

1. 语段：语句的逻辑连缀（关联词）及语段的书面表达
2. 文章摘要：摘要的概念、方法和要求
3. 理论研究的方法：选题原则、资料的收集与选择、数据对比与研究、以数据为基础的论证
4. 理论文体（论文）的特点与结构

 学习重点：

1. 语段综合训练
2. 理论问题的研究
3. 数据的说明
4. 统计数据分析和结论
5. 小论文的写作

第二十二课
理论研究（二）

阅读并做摘要

01

国际上一般采用人类发展指数（HDI）来衡量人民生活质量。人类发展指数包括三个方面的指标：一是指人均收入，通常是指人均国内生产总值（GDP）国际美元值，反映提高人民生活质量可资利用的物质财富的多少；二是人口平均预期寿命，以反映卫生发展状况；三是总入学率和识字率，以反映教育发展水平。国际上将人类发展国家分为三类：一是低水平人类发展国家，在 0~0.5 之间；二是中等水平人类发展国家，在 0.51~0.79 之间；三是高水平人类发展国家，在 0.81~1.0 之间。根据联合国计划开发署的资料，通过比较世界各国的 HDI 和总和生育率，可以发现：HDI 越高生育率越低；低水平人类发展国家生育率都非常高。比如法国、德国等欧洲国家的 HDI 在 0.9 以上，但平均总和生育率只在 1.5 左右；布隆迪、尼日尔、塞拉利昂等非洲国家的 HDI 在 0.3 左右，平均总和生育率在 7.0 左右。

纵向来看，世界上任何一个国家随着 HDI 的提高，进入中等水平人类发展国家行列后，都经历过从高生育率向低生育率的转化（从"窗口期"进入 S 形顶端）。比如日本，HDI 在 1870 年为 0.16，在 1913 年的时候为 0.381，当时妇女平均都是生育 6 个孩子左右，即使在 19 世纪 40 年代，HDI 为 0.5 左右的时候也还平均生育 5 个孩子左右，但是随着战后经济的快速发展，HDI 在 1950 年突破 0.607（相当于中国 80 年代中期水平），生育率急剧下滑，整个 50 年代平均只有 2.5 左右，现在 HDI 为 0.943，生育率下降到 1.3 以下了。同样，韩国在 20 世纪 50、60 年代平均每个妇女生育 6 个孩子左右，但随着经济的起步，HDI 在 1975 年达到 0.707，1985 年达到 0.78，生育率在 70 年代急剧下滑，到 1985 年只有 1.67，现在竟然不到 1.2。泰国在 60 年代总和生育率还在 6.0 左右，70 年代随着经济的发展，生育率急剧下降，HDI 增加到 1985 年的 0.678（相当于中国 90 年代初期水平），1995 年的 0.749（相当于中国 2002 年的水平）；生育率下降到 1985 年的 2.3，1995 年的 1.95。印度在 1970 年之前与中国一样平均每个妇女生育 6 个孩子左右，经济发展比中国缓慢，但生育率也在 70 年代开始缓慢下滑，现在印度的 HDI 相当于中国 80 年代中期水平，生育率只有 2.78 了。

 请画出上文中的观点部分，并做摘要

书面语及语段训练：在括号内选词填空

1. 互联网经济泡沫的_____（破碎、破裂），IT 热潮的迅速降温，_____（由于、由此、所以）导致曾经热闹非凡的电子商务热_____（还、也、再）度_____（受、遭）人冷落。_____（因而、然而），就在电子商务处于一种_____（停止、停滞不前）的状态时，市场上却_____（涌动、流行）着一_____（份、股）热流，一种全新的电子商务——移动电子商务在不知不觉中兴起，_____（而且、也）正受到越来越多人的_____（关心、关注）。

2. 中国改革面临新的战略选择。在十二五规划实施第一年，围绕改革方向与突破重点的争议_____（更、也）显_____（剧烈、激烈），经济结构调整面临_____（许多、重重）困难。金融危机后发达国家从市场向政府_____（适度、恰当）回归，中国则在_____（对付、应对）金融危机影响中加强政府的主导作用，市场化进程面临考验。一面是对过度市场化的反思；一面是对政府职能转化_____（滞后、落后）的担忧。中国如何在推进经济结构调整过程中促进政府职能有进有退？这成为中国改革战略选择的新课题。

理论研究（二）——资料的搜集、研究和整理

03

在论文写作的诸环节中，最关键的环节是选题和收集资料。只有选定了一个合适的问题，并收集到了较为充中的资料，才能通过研究得出有价值的结论。有价值的结论产生后，反过来，在写作环节，又需要用资料——包括政策，经典理论，正反两方面的代表性论著，论文及它们的观点材料，背景、事实与案例、数据等——来支撑、证明自己观点的合理性、准确性、先进性、针对性，等等。

资料的准备就是围绕着研究方向和选题范围收集相关资料，为展开对最终选定的论题的论证做资料的储备。

资料有通过观察、调查或实验获取的资料。但我们这里说的查阅、收集，多指的是文献资料、数据。

（一）单元学习目标

通过学期论文的写作或论题的表述，你应该达到：

◆ 通过学期、学年论文的写作和专业课学习，学生应该具备基本的搜集
   资料的能力：

◆ 熟知和自己专业相关的专业期刊和专业网站；

◆ 知道学科范围内有代表性的专家和他们的学术专长；

◆ 能够熟练地利用图书馆和互联网获取与自己的选题相关的较为充足的
   资料信息；

◆ 具有资料整理和应用的能力；

◆ 能够根据自己的论题确定与自己的选题密切相关的有限资料范围；

◆ 能够有效率地阅读、记录、整理这些资料；

◆ 能够规范地使用这些资料。

（二）查资料的方法

◆ 利用网络资源上的搜索引擎，按关键词搜索、查找所需资料——利用关键词组合查找、利用文件后缀如 PDF 等有效、快捷地查找所需资料；

◆ 利用论文网站（如中国期刊网）、专业网站查找资料（如统计局网站，政府网站等）；

◆ 利用大学图书馆电子资源查找资料；

◆ 利用超星电子图书数据库，人大报刊资料，年鉴数据库等查找、下载资料（非全部免费）；

◆ 利用图书馆传统的查资料方式查找资料（利用工具书，如：书目、索引、年鉴、文摘等）。

（三）资料的研究整理

资料搜集到一定的程度（到能够得出自己的论点，能够证明自己的观点）就需要对资料进行必要的研究和整理。

1. 资料的研究

◆ 运用基础理论对资料进行分析

◆ 对比分析——对比分析同一主题的不同观点

对比不同数据（比历史、比先进、比同类、比个体……）

↓

找出规律、差异、差距 → 得出结论

◆ 运用其他方法对资料进行研究

2. 资料的整理（略）

↓

文献综述

作业：查资料练习

要求：关于利用校图书馆电子资源（如万方数据库）

（1）请查找和你的选题密切相关的国家政策、方针。

（2）请查找与你的论题密切相关的论文并做摘要，要求三篇（和你的观点接近的、相反的、客观的——利弊兼述的——论文）。

（3）请以小组为单位，查找与论题密切相关的数据，要求分工查找对比性数据，比如不同历史时期的数据，不同国家的数据……

UNIT 6

第六单元

学习内容：

1. 语段：语句的逻辑连缀（关联词）及语段的书面表达
2. 文章摘要：摘要的概念、方法和要求
3. 理论研究的方法：选题原则、资料的收集与选择、数据对比与研究、以数据为基础的论证
4. 理论文体（论文）的特点与结构

学习重点：

1. 语段综合训练
2. 理论问题的研究
3. 数据的说明
4. 统计数据分析和结论
5. 小论文的写作

第二十三课

理论研究（三）

阅读并做摘要 01

世界各国人口数量的多少与富裕程度的关系可以分三类。

第一类国家，人均自然资源贫乏的国家。人均自然资源越贫乏，进口的自然资源占被消耗自然资源的比例就越多。这类国家人口数量减少了，人均自然资源照样需要大比例进口。比如日本，人口数量如果减少一半，石油需求还是绝大部分需要进口，煤炭、天然气、铁矿石等也需要大量进口。日本具有的优势资源是海洋渔业。日本人口数量减少，日本国内市场鱼的消耗量就减少，鱼需要大量出口。出口鱼获得的利润，因多出的出口运输费，应低于在本土销售。且若日本人口减少一半，原来具有较大优势的内容，如人口规模优势与人口密度优势也将变小。日本人均收入非但不会增加，而且还会下降。另一个典型例子是韩国，人口数量减少不但不会使它富裕，反而会导致其贫穷。像新加坡，我国香港、台湾等，都是这类类型的地区。这类类型地区，人口数量在一定范围内，人口数量越多，带来的人口规模与人口密度效益就越大，人均收入就越多。

第二类国家是资源输出型国家。人均自然资源很丰富，比如澳大利亚、加拿大，减少这些国家的人口数量，确实可以增加这些国家人均自然资源拥有量，增加人均自然资源优势。但随之而来的是，人口数量越少，人口密度也会越小，总体人口规模效益就越差，人口密度过低对经济发展不利。这类国家减少人口数量，未必会增加人均收入。资源输出型国家中，有一类暴利资源输出型国家。最主要、最典型的暴利资源是石油。之所以说石油是暴利资源，原因在于，5元的成本，可以卖50元，并且产量与销量巨大。这类暴利石油出口国家，如果在出口的商品中，几乎完全是石油的话，这类国家人口数量如果减少，人均收入会增加一些。伊朗人口数量如果从现在的6000万人减少到3000万人，伊朗人均收入会提高一些。但实际情况是，这些石油出口国家是世界人口增长最快的国家群体之一。

第三类国家，人均自然资源拥有量一般的国家。如欧洲国家如英国、德国等，既靠人口规模优势，又靠人口密度优势，并且这些国家相互合作，构成更大的人口规模优势。这类国家也需要进口大量的自然资源，与日本有些类似。结果是：减少这些国家的人口数量，不但不会增加人均收入，而且还会降低人均收入。

美国人均资源相对于欧洲国家来说比较多，具有一定优势，但美国依靠人口的规模效益与密集的大城市效益获得优势更多。人口数量少，虽然人均自然资源增加，但是人口规模优势损失会更多，总体上应该不利。美国人口如果从现在的3亿减少到1亿人。人均收入不但不会增加，反而要减少，加拿大就是很好的例证。加拿大人口数量是美国的10%，人均可利用资源是美国的5倍左右。但是加拿大人均收入并不比美国高。可见美国减少人口数量，不但人均收入不会因此而增多，反而人均收入会因此而减少。

世界上主要就这三类国家。他们各自的人口数量与各自的富裕关系，基本上就是上面所分析的情况。

人口数量多少，在其他方面收益的关系，与自然资源上的收益关系迥然不同，有时甚至完全相反。比如人均军事开支，人口数量越多，人均支出一般就越少，等效于人均收益就越大。在交通方面，人口数量越多，人均投资支出就越小，等效于人均收益也越大。在市场方面，人口数量越多，人均收益也越大。这是最基本的三个人口收益。

人口的多少既有利又有弊。对于所有国家，人口数量带来的利弊，经过中和，也许为正，也许为负，甚至为零。人口密度的大小对一个国家的影响，一般来说并不大，对大部分国家而言也是如此。这可以解释那些发达国家，既有人口密度大的国家，也有人口密度小的国家，很难分析出，这些发达国家富裕的原因是由于自己人口密度大，或者人口密度小，也很难分析出这些发达国家之间富裕程度的差别，与各自的人口密度大小有多少关系。

世界大部分发展中国家，富裕程度也有差别。你同样看不出，这些国家的贫富与自己的人口密度有什么关系。人口密度的经济效应，既有好的一方面，又有坏的一面。二者经过中和，一般就在总效果为零附近。就是不接近零的国家，也会有两个相反的结果，对于其中的一部分国家，人口密度越大越有利于自己的经济发展，如日本、韩国等。对于另一些国家，却是人口密度较小，更有利于自己的富裕，如海湾地区可以获得石油暴利的国家。这个世界没有数据表明，人口密度大小与国家富裕程度存在明显关系——统计不出人口密度大小，与国家富裕程度成正比关系；也统计不出人口密度的大小与国家富裕程度成反比关系。那些声称自己国家不富裕的，是由于人口密度大导致的理论，可以肯定是反科学的。因为世界并没有人口密度越大越贫穷的规律，也没有相反的规律。

请画出上文中的观点部分，并做摘要

书面语及语段训练——关联词
02

请在横线上选择最恰当的词填空

1. 科技股份有限公司经理陶刚公开表示，风电行业竞争的重点在技术_____（而非、不在）成本。_____（以前、此前），业内有观点认为，随着中国人力成本的上升，国内新能源装备制造企业的成本优势将逐步_____（丧失、消失）。_____（对此、为此），陶刚指出，"对于装备制造业来说，成本控制_____（当然、固然）重要，但是竞争的重点还是在于技术方面。风机一般寿命在二十年，我们所说的成本不仅仅是产品的价格，还应该体现在产品生命周期的成本上，_____（因此、对此）技术和质量就显得_____（更加、尤为）重要。"

2. 今年一季度 GDP 增长 7.7%，各方对_____（此、它）_____（看法很不统一、众说纷纭）：一部分有强烈的"保八"思维的人认为，中国经济已经跌破了"枯荣线"，对未来宏观形势产生_____（乐观、悲观）情绪。_____（而、并且）另一些人认为，中国经济目前是从"量变"向"质变"＿＿＿（改变、转换、转移），＿＿＿（增速、增长速度）＿＿＿（放缓、变慢）更为有利。＿＿＿（更、却）有专家认为，全社会固定资产投资同比增长 20.7%，一季度城镇居民人均可支配收入同比实际增长 6.7%，低于 GDP 增速，＿＿＿（表示、说明、推测）中国经济还是依赖于固定资产投资，消费启动缓慢，经济结构转型＿＿＿（十分困难、举步维艰）。

理论研究（三）

（一）图表的运用

请看人口问题的图表——人口金字塔图及它们显示的内容

人口金字塔是按人口年龄和性别表示人口分布的特种塔状条形图，是形象地表示某一国人口的年龄和性别构成的图形。其水平条代表每一年龄组男性（左侧）和女性（右侧）的数字或比例。金字塔底部代表低年龄组人口，金字塔上部代表高年龄组人口。人口金字塔图反映了过去人口的情况，目前人口的结构，以及今后人口可能出现的趋势。

受过去和当前出生、死亡和迁移模式的影响，不同国家的人口状况有着显著的差异，但年龄性别结构基本可归入以下四种类型：

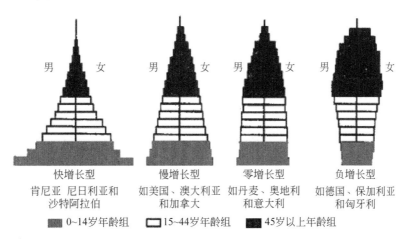

男　女	男　女	男　女	男　女
快增长型	慢增长型	零增长型	负增长型
肯尼亚 尼日利亚和 沙特阿拉伯	如美国、澳大利亚 和加拿大	如丹麦、奥地利 和意大利	如德国、保加利亚 和匈牙利

■ 0~14岁年龄组　□ 15~44岁年龄组　■ 45岁以上年龄组

（二）请看上图，并口述四种类型的特点和状况

1. 快速增长型：

2. 缓慢增长型：

3. 静止型（零增长型）：

4. 负增长型：

**（三）根据你的现有知识和积累，试述你的国家和中国是哪种人口金
字塔图型**

（四）关于研究、论证

> 理论研究的方法很多，但从经济研究的角度说，方法主要是比较法、归纳法、演绎法、规范分析与实证分析等。
>
> 论证就是用科学的研究方法来证明观点的真伪。
>
> 论文的写作目的是为了阐述自己的观点（或驳斥别人的观点），表述的是一个科研成果和研究结论。因此要提出观点，然后论证自己的观点。论证的目的是证明自己的观点正确——证真，或某种观点错误——证伪。

议论文的论证方法常用的有：

◆ 举例论证：列举确凿、充分，有代表性的事例证明论点；

◆ 类比论证，是从已知的事物中推出同类事例的方法，即从特殊到特殊的
论证方法；

◆ 对比论证：拿正反两方面的论点或论据作对比，在对比中证明论点；

◆ 归纳论证：也就叫"事实论证"。它是用列举具体事例或数据来论证一般
结论的方法；

◆ 演绎论证：也叫"理论论证"。它是根据一般原理或结论来论证个别事例

的方法。即用普遍性的论据来证明特殊性的论点。

 作业

如果你自己的选题很难查到需要的数据，那么请查下面的数据：

（1）中国和你们国家的人类发展指数（HDI）分别是多少？

（2）中国和你们国家的总和生育率分别是多少？

（3）比较 HDI 和总和生育率，你认为中国和你的国家的人民生活质量如何？

（4）在查数据的基础上调整你的选题。

UNIT 6

第六单元

学习内容：

1. 语段：语句的逻辑连缀（关联词）及语段的书面表达
2. 文章摘要：摘要的概念、方法和要求
3. 理论研究的方法：选题原则、资料的收集与选择、数据对比与研究、以数据为基础的论证
4. 理论文体（论文）的特点与结构

学习重点：

1. 语段综合训练
2. 理论问题的研究
3. 数据的说明
4. 统计数据分析和结论
5. 小论文的写作

第二十四课
理论研究（四）

阅读并做摘要

01

人口再生产具有惯性，一个增长型的人口具有正的惯性，一个缩减型的人口具有负的惯性。人口惯性是不以人类的意志为转移的人口发展力量。一旦人口开始负增长，人口的减少就会形成"雪崩式"的态势。

例如，俄罗斯早已面临人口萎缩的国家危机。俄罗斯人口从 1992 年的最高数量 1.49 亿下降至 2012 年的 1.43 亿，甚至有可能以更快的速度减少。死亡和公民移居国外导致俄罗斯联邦的人口每年减少近 50 万。按照这样的速度，到 21 世纪中叶，强大一时的俄罗斯会失去 1/4 的人口。一些预测认为，如果俄罗斯人口发展曲线没有改变，到 2080 年，俄罗斯人口可能骤减到只有 5200 万。对此，俄罗斯忧心如焚却缺乏有效办法应对。

无独有偶，日本也已经成为人口萎缩型、少子高龄化国家，日本现有人口 1.2747 亿，预计到 2060 年将减少到 8674 万。2005 年，日本的死亡人口首次比出生人口多出 2.1 万，尽管 2006 年曾有所好转，但自 2007 年起日本每年的死亡人数均超过出生人数。2011 年人口减幅首次超过 20 万，2012 年再次刷新纪录，自然减员 21.2 万。出生人口和"新成人"数均持续减少，必然造成日本国内劳动力人口的下降，这种状况加剧了日本国内市场的萎缩和衰退。当今日本社会的人口稀疏化、老龄化、少子化现象，还导致民俗文化的存续处于危机之中。

俄罗斯、日本等虽然针对"少子化"采取了一定措施鼓励生育，但从目前的成效来看收效甚微。原因在于它们都无一例外地进入了"超低生育率陷阱"：（1）不婚率、失婚率、离婚率的上升导致已婚生育率下降；（2）晚婚晚育率、不孕不育率的上升导致婚内生育率下降；（3）急剧增加的孩子抚养成本、生育机会成本和其他的生活成本导致生育意愿大为减弱。低生育文化一旦形成，就有政策难以影响和干预的强大惯性。生育毕竟是个人的事情，国家只能是尽力为之创造一个舒适的环境，生不生还得由国民自己决定。

就中国而言，人口增长的大势已去，生育政策调整的良机已失。因此，中国目前的生育政策不是讨论要不要放开，而应讨论如何鼓励生育。仅仅允许生育二胎对提升生育率于事无补，中国山西翼城等地两胎试点的经验也都证明了"农村出现低生育率"已经是不争的事实。

 请画出上文中的观点部分，并做摘要

书面语及语段训练：在括号内选词填空

（一）

沃尔玛_____（根据、为了、不是）向顾客提供更多的实惠，_____（而、而是、就是）尽量（缩小、缩减、收缩）广告费用，_____（也、便、为此）它在促销创意上（很、颇）费心思，力争以最少的投入获取最（佳、好）的效果。_____（尽管、虽说、既然）沃尔玛一而再、再而三地缩减其广告开支，_____（但、那么）在对非营利组织和公益事业进行捐赠时，_____（但、却）十分慷慨。_____（于是、虽然、而）许多零售企业很少愿在公益事业上有所投入，_____（因为、因此、但是）短期直接利益不明显。他们所关心的往往是应季的促销宣传等。其实（赞助、捐助、捐赠）公益事业是一项长期的投资，从长远来看，对提高品牌知名度，（提升、提高）企业形象都有着不容忽视的作用。

（二）

在过去20多年里，中国经济保持了8%左右的高速增长。_____（然而、但是、于是），从历史经验看，日本、和亚洲"四小龙"——中国香港、韩国、中国台湾、新加坡，经济高速增长持续20年后，几乎（全都、无一例外地）出现了减速的过程。

因此，很多人预测，中国经济也会（重蹈覆辙、重复同样的走势）。

_____（却、但）我们认为，中国与其他的亚洲国家不同，_____（因为、因此）不能根据这些国家情况（猜、推断）中国经济的发展走势。首先，中国的城市与农村之间、东部与西部之间发展水平存在巨大差距。其次，中国城市化水平低，农村人口多；第三，人口基数大，人均国内生产总值偏低。这些方面既是中国面临的重大问题，又是中国经济进一步发展的空间。

我们_____（还、同时、又）认为，改革开放20多年，中国积累了（相当多、坚实）的物质基础；中国具有（隐藏、潜在）的（广泛、宽阔、广阔）市场，（潜在、隐含、蕴藏）着巨大的需求。加入世界贸易组织，使中国的发展空间更加广阔。同时，改革的突破和深化，（会、将）为经济发展提供更加强大的动力。这些因素决定中国经济能够保持较高的增长速度。

理论研究（四）：论文的结构与写作内容

（一）论文的结构

一般文章可分为标题、开头、主体、结尾四部分（后三个部分是正文部分），论文对应的是标题、序论、本论和结论。

（二）标题（略）

（三）正文部分——两种主要的结构

1."总—分—总"结构（提出问题—分析问题—总结问题）

（1）序论：提出问题——入题 + 点题

入题的几种方式：

◆ 由当前形势（现实）入手，步步深入，直至提出问题、论点；

◆ 由涉及的专业词汇入手，解释词语，引出问题、论点；

◆ 从大经济问题到涉及、包容的小经济问题,逐层深入,提出问题、论点（剥笋式：实际是要突出所论证的问题处于经济框架和结构的哪部分）；

◆ 从阐述研究问题的意义目的入手, 直至提出问题、论点；

◆ 引经据典入手（一般是比较著名的经济学说、理论）,提出问题、论点；

◆ 从寓言、故事等开始引入问题、论点。

（2）本论：要逐层逐项分析问题,3000 字论文一般要含两个层次以上的内容

如：分论点一：

二层分论点（一）

论据 1 ⎤
论据 2 ⎬——到数据或经济现象本身一层
论据 3 ⎦

二层分论点（二）（同上、略）

……

分论点二：

……

（3）结论：归纳、总结问题

分析问题的结论首先要在这部分显示, 可能它是对上面内容的重复；

其次可以写对有关问题的补充说明；

最后可以写对研究问题的趋势判断（展望）。

2. 递进结构（提出问题—分析问题—解决问题）

序论：提出问题（同上）

本论：分析问题

结论：解决问题（和上一种结构的区别主要在：一般是针对分析的问题, 提出解决问题的措施或建议）

附：例文
04

跨越"中等收入陷阱"：挑战与路径

所谓"中等收入陷阱"，是指一个国家或地区的人均收入达到中等水平后，经济快速发展积累的矛盾集中爆发，原有的增长机制和发展模式无法有效应对由此形成的系统性风险，经济增长陷入停滞，迟迟不能进入高收入国家行列。像巴西、阿根廷、墨西哥、智利、马来西亚等，在20世纪70年代均进入了中等收入国家行列，但直到近年，这些国家仍然挣扎在人均GDP3000至5000美元的发展阶段。我国2010年人均GDP达到4400美元，这意味着我国正处在中低收入向中高收入迈进的发展阶段，在这一过程中我国也积聚了诸多经济社会问题，面临着一系列的风险和挑战。

从影响中国经济社会发展的深层次因素来看，中国经济发展进入收入中等阶段以后面临诸多风险和挑战：

一是传统的经济发展方式难以为继。改革开放以来建立在要素价格扭曲、资源能源高消耗、环境污染代价等基础上的粗放式工业化道路和模式，在资源和环境约束强化条件下不可持续；在后国际金融危机时期，依赖出口实现高速增长的特定国际经济环境难以重现，外部需求对经济增长的拉动作用将明显减弱。

二是人口结构的变动和人口红利的消失。丰富廉价的劳动力资源一直是改革开放以来支撑中国经济尤其是制造业快速增长的重要因素，但是中国劳动年龄人口正在逐年下降以及劳动力供给增速下降的趋势逐步显现，其后果是依靠人口红利维系的制造业竞争力及其在全球分工体系中的优势地位正逐步消失。

三是改革放缓和逆市场化的趋势有所加强。竞争性领域的国有资本控制力增强，国有经济中垄断部门的改革明显滞后，影响了民间资本的发育和民间投资的扩大。

四是城乡二元分割格局有所强化。长期以来，中国采取的"城市偏向"尤其是重点发展大城市的战略不仅扩大了城乡发展水平和收入分配差距，而且导致城乡公共服务差异扩大，强化了城乡二元分割格局。

五是社会流动性低的状况可能导致社会结构的刚性加剧。一方面，改革开放以来中国社会阶层分化加速，各阶层之间的边界正在变得越来越清晰；另一方面，权力资源、经济资源和文化资源三大资源呈现向上层集中的趋势，处于较低社会地位的社会阶层向上流动的渠道收窄，难度越来越大，社会结构的刚性有加大的趋势。这种状况给社会稳定带来隐患，从而可能对未来经济增长造成巨大的阻碍。

问题和挑战摆在我们面前，中国的确存在着掉入"中等收入陷阱"的风险。但从工业化、市场化、信息化、城市化和国际化进程看，中国经济增长仍然有巨大的潜力。要将这种潜力转化为现实，成功地跨越陷阱，一方面需要切实加快转变经济发展方式，从追求经济高速增长向追求共享式增长转变，实现经济的创新发展；另一方面要抓住和谐社会建设的契机，适时推进社会领域的改革。

一是以经济发展方式的转变构造经济增长的内生动力

随着人口老龄化程度的加剧，全社会储蓄能力会因为劳动力供给下降而有所下降，这意味着资本形成会和劳动增长一同减缓，中国经济必须实现从主要依靠资本和劳动的投入到主要依靠全要素生产率的提高促进经济增长的转变。这就要求加速技术升级和产业转型的步伐，大幅提升制造业的附加值和竞争力，并推动现代服务业的发展。此外，发展方式转变要求从过度依赖外需拉动转向主要依靠内需尤其是消费需求驱动增长，以居民消费结构升级带动产业结构升级。

二是以培育和创造新的人口红利为经济增长提供新的源泉

劳动者素质提升可以抵消劳动力数量增速放缓带来的负面效应，在劳动适龄人口增长带来的"人口红利"逐步消失后，中国可以创造和培育由劳动者素质提升带来的"新人口红利"。开发这种新的人口红利，需要加大人力资本的投资，继续扩大对教育特别是高中阶段的普通教育和职业教育的投资，完善中职和高职教育体系，调整高等教育人才培养结构，以及加强对就业者培训。

三是以扩大民间投资提升经济增长的内在活力

相对于政府投资，民间投资的扩大是构建经济增长内生动力机制、改善收入结构进而实现可持续增长的更有效途径，也是转变经济发展方式尤其是扩大内需的题中应有之义。为此，必须进一步加大对国有垄断部门的改革，引导国有资本尽快从竞争性行业逐步退出，减少国有投资对民间投资的挤出效应，并鼓励民间投资在竞争性领域夯实自身实力的基础上，逐步进入垄断性行业，与国有资本展开合理竞争，优化产业组织、产业生态和市场结构，促进经济的可持续增长。

四是以城乡一体化协调发展战略实现发展成果的城乡共享

"十二五"是中国城乡结构调整和城市化发展的关键时期，在这一过程中，应把握城市化的速度和质量之间的平衡，坚持走农村与城市的统筹发展和城乡一体化道路，通过逐步实现城乡公共服务均等化，加快推进农民市民化进程，让城乡居民共享工业化和城市化的发展利益，逐步减缓和解消城乡二元结构。

五是以社会改革和社会建设构筑开放有序的社会结构

从国际经验来看，掉进"中等收入陷阱"的国家几乎都是社会领域出问题的国家。从中国的发展阶段看，"转型"的内涵也已经不再限于经济发展的转型，而是扩展到社会发展转型。一个开放而有序的社会结构不仅是经济稳定而持续增长的必要条件，而且是经济与社会发展程度的体现。能够创造更多的向上流动机会的社会结构，是社会充满活力的象征，也是社会进步的表现。要构建这样一种社会结构，需要政府将关注的重点由经济建设转向社会建设。从政府的支出结构来看，应该将符合市场经济和公民社会要求的公共财政落到实处，即将经济建设的投资转向社会领域尤其是教育和医疗健康等人力资本投资，不仅要使这些领域投资的总量增加，还要着重消除教育和健康的结构不平等，逐步减缓或阻断贫困的代际转移，并加大社会流动性；在制度上，要着眼于解决资源和机会配置的不平等，推动户籍制度、人事制度和社会保障制度的改革，放松各种市场准入限制和职业准入限制，拓宽社会的流动和上升的渠道，使得阶层之间的攀升有足够的空间，并注重壮大和稳定中间阶层，形成适合市民社会要求的社会结构。

经历了 30 年的改革开放实践，无论是党中央，还是人民群众，都越来越理性，越来越成熟，也越来越智慧，中国有避免落入"中等收入陷阱"的客观条件。而日本和韩国成功跨越这一障碍给我们提供了打破经济垄断、增加民众收入和反腐败等方面的成功经验。为此我们可以对跨越"中等收入陷阱"充满信心。

来源：《第一资源》2011 年第 04 期　作者：王长城 收入时略有删改

单元练习

一、关于论文的选题

1. 你论文写作中最成功的选题是什么？

2. 你的选题产生经历了哪些过程？

3. 你论文选题和调查报告选题的过程与原则有哪些相似点，又有哪些不同？

二、关于查资料

1. 选题确定之后，你是怎么查找资料的？你查了哪些资料？

2. 你认为哪种方法可以有效率地得到自己想找的资料？你怎么保障你阅读的
   质量和资料的质量？

3. 资料搜集完成后，你是怎么整理的，怎么展开研究的？

4. 通过以往的作业和练习，你熟悉了哪些专业性书刊或网站？

5. 你查资料最大的困难是什么？经验又是什么？

三、资料研究

1. 政策影响

2. 其他影响因素

3. 运用基础理论对资料进行分析

4. 数据的对比研究——比历史、比先进、比平均、比个体……

四、通过学期论文的写作或论题的表述你是否能达到下列目标

◆ 初步了解了专业相关的专业期刊和专业网站；

◆ 初步了解了学科范围内有代表性的专家和他们的学术专长；

◆ 能够熟练地利用图书馆和互联网获取与自己的选题相关的较为充足的信息资料；

◆ 能够根据自己的论题确定与自己的选题密切相关的资料范围；

◆ 能够有效率地阅读、记录、整理这些资料；

◆ 能够借助你的专业知识分析、研究，并能得出结论。

五、简答：如果让你研究"税收与经济"问题，你要做哪些准备，查阅哪些资料？

六、标点符号练习——书写规范

句号（。）、问号（？）、叹号（！）、逗号（，）、顿号（、）、分号（；）和冒号（：）一般占一个字的位置，居左偏下，不出现在一行之首。

引号（""）、括号（（））、书名号（《》）总是成对出现，它们的前一半不出现在一行之末，后一半不出现在一行之首。

破折号（——）和省略号（……）都占两个字的位置，中间不能断开。连接号（－）和间隔号（·）一般占一个字的位置。这四种符号上下居中。

改错：

		美	国	《	幸	福	》	杂	志	曾	在	征	答	栏	中	刊	登	过	这
样	一	个	题	目	：	假	如	让	你	重	新	选	择	，	你	会	做	什	么
？																			

	"	当	你	的	腿	感	到	无	力	的	时	候	，	你	要	停	下	来	。
"	他	叮	嘱	道	。														

		我	们	把	手	里	的	事情	情	做	完	了	才	开	始	休	息	。	"
大	家	早	点	儿	去	吃	饭	，	早	点	回	来	，	回	来	还	得	加	一
晚	上	班	呢	。	"	组	长	说	。										

七、单元写作：小论文或理论研究成果 PPT 发言稿

◆ 请根据查找的人口问题资料进行研究，得出你们的结论。

◆ 以结论做基础，检查你们的分析和论证资料是否合适，是否有说服力。如果不能证明你们的观点，请回到查找资料的环节，重新搜集论证材料。

◆ 请把你们的观点、材料用小论文的形式组织起来。至少是一层观点，一层材料（论述分析或论证）。要求：分析和论证材料中必须有数据，而且不能以介绍为主，要以分析和论证为中心（即观点→理由一、理由二……）。

请以小组为单位给同学介绍你的理论研究的成果——根据近期查阅材料的结果简述你对人口问题的看法。

附件一：摸底练习

一、阅读文章并按要求完成练习

儿子教会我的课

我是那种很容易学会东西的幸运孩子，所以当我为人父母时，我很自然地认为只要很有自信地读书给两个孩子听，给他们有趣又富有教育性的游戏时间，他们一定会如我那般轻松愉快地学习，并且记住那些我教他们的教材。

我的第一个孩子阿曼达正如我所期望的，学得很快，成绩也很不错，但我想<u>故技重施</u>在第二个孩子爱力克身上时，却觉得十分吃力，不只是因为他的老师，也因为爱力克和我自己的性格<u>所致</u>。

我为这个甜蜜又可爱，从来都<u>循规蹈矩</u>的年轻人尽了我的义务：每天晚上我会确定他的家庭作业都已做完，跟他老师保持联络，还帮他报了所有学校开的辅导课程。但不管我多么努力，上面写着 C 的成绩单总会带来相似的挫折与眼泪，我可以看出他有多么沮丧，也怕他会因而丧失学习兴趣，很快地我开始怀疑起自己来。"你究竟哪里做错了？"我猜想，为什么我没办法激发他或是助他成功呢？我觉得他<u>若</u>无法念好书，肯定也无法创造自己的生活，或是养活他自己，甚至是以后的家庭。

爱力克在 16 岁时打开了我的眼界。那时我们正坐在客厅里，电话传来了我父亲因心脏病突发去世的消息。

"爸爸"，爱力克这么叫过他。在爱力克 5 岁以前，这的确是我父亲所扮演的角色。当我丈夫晚上必须工作的那些日子，是父亲带他去剪头发、吃冰淇淋、跟他打棒球的。父亲是他的第一个好朋友。

当我父亲离开我家，搬回故乡后，爱力克若有所失，但时间<u>愈</u>合了他的伤口。

慢慢地他了解到，外祖父也需要老朋友，也需要落叶归根。对爱力克来说，深爱的外祖父的电话和来访变成了生活内容的一部分，他的"爸爸"是永远不会忘记他的。

当我们走进丧礼接待室时，我站在门口看着父亲，如此静默，如此不像我认识的那个人，孩子站在我两边，当我们走向他外祖父时，我感到爱力克牵起我的手，我们一起分担了那样的时刻后，就分站在房间两侧，上百名络绎不绝地涌入的朋友，上前来安慰我，还跟我一起分享了对父亲的记忆，其他人则只是碰碰我的手，就离去了。

我突然发现爱力克没在我身旁，我转过身看了看房间，发现他在靠近入口的地方，正在帮那些需要扶住扶梯手或扶住门的老人们，那些陌生人有的带着助步机、有的带着拐杖，许多人只是上前向父亲致意时，会靠着他的手臂。

那天稍晚，丧礼司仪提醒我还要再加一个抬柩（棺柩，装逝者遗体的木箱）者，爱力克马上说："先生，我帮得上忙吗？"司仪建议他最好跟他姊姊待在一起，但爱力克摇摇头，"我小的时候爸爸就带着我"，他说，"现在该我带他了"。当我听到他的话时，就一发不可收拾地哭了起来……

从那一刻开始，我知道自己绝不能再苛求儿子考出更好的成绩，我再也不会要求他如我所想的那样，因为那个理想形象根本比不上我儿子那么好，他的同情心、关怀以及情感，都是上帝赐给他的礼物，没有一本书教他这些事情，没有任何成绩单里的分数可以传达爱力克所拥有的那些特质。

他现在已经 20 岁，并且持续地传播他的友善、幽默感，以及不管他走到哪里，都对其他人表达出来的同情心。今天我问自己：物理和数学分数又如何？当一个年轻人尽了力，他的心就值得一个 A。

来源：《中国校园文学（描写辞典）》2005 年第 01 期　作者：凯丝琳·布路，收入时略有删改

练习：

1. 请根据课文判断下面的说法是否正确

A. 作者自己学习时感到的是轻松快乐　（对、错）

B. 作者有两个儿子（对、错）

C. 爱力克学习成绩一直不理想　（对、错）

D. 爱力克曾经称呼外祖父为"爸爸"　（对、错）

E. 爱力克在他 20 岁的时候，学习成绩都变成了"A"　　（对、错）

2. 解词：试着猜一下这些词可能是什么意思（请不要查字典，意思接近即可）

故技重施：

所致：

循规蹈矩：

愈合：

络绎不绝：

姊姊：

3. 你认为作者的主要观点或想法是什么？

二、写作——听述

请听老师讲述的内容，并按文章的有标题、有分段、有标点形式写作。

要求：标点符号正确，语句没有明显的语法错误，内容比较完整。

附件二：调查报告评分标准和说明

项目	评分点	评分理由	得分
选题（20）	价值、难度	有价值，难度高 16~20 有价值、有一定难度 11~15 比较有价值，有一定难度 6~10 没有明显价值，没有难度 0~5	
论点（20）	明确 独到性 合理、有说服力	论点明确、合理、有说服力、独到 17~20 论点明确、合理、有说服力 12~16 论点明确、合理 9~11 论点明确 6~9 没有论点或论点不明确 0~5	
论据（20）	1.数据真实可靠，并能合理运用； 2.数据说明基础上有一定的分析。	有图表，数据真实可靠，运用合理 8~10 无图表，但数据真实可靠 5~7 无图表，无数据 0~4 分析充分，合理 8~10 分析较充分 5~7 有分析，但不充分 1~4 无分析 0	
写作（40）	结构完整 条理清晰 表达准确 合乎规范	结构：结尾有建议 10 分，其他酌减。 条理：结论式小标题 10 分，其他酌减。 表达：词语、句式丰富，较少使用口语写作 10 分，其他酌减。 规范：调查问卷目的明确，项目设置合理，缜密。调查除问卷形式外，有其他辅助形式，比如采访或开放性题目设计出色，分析到位。调查深入，回收的问卷情况与调查统计一致，10 分。其他酌减。	

附件三：标点符号用法

中华人民共和国国家标准（节选）

4.1 句号

4.1.1 句号的形式为"。"。

4.1.2 陈述句末尾的停顿，用句号。

4.1.3 语气舒缓的祈使句末尾，也用句号。例如：请您稍等一下。

4.2 问号

4.2.1 问号的形式为"？"。

4.2.2 疑问句末尾的停顿，用问号。

4.2.3 反问句的末尾，也用问号。例如：难道你还不了解我吗？

4.3 叹号

4.3.1 叹号的形式为"！"。

4.3.2 感叹句末尾的停顿，用叹号。

4.3.3 语气强烈的祈使句末尾，也用叹号。

例如：a）你给我出去！　　b）停止射击！

4.3.4 语气强烈的反问句末尾，也用叹号。例如：我哪里比得上他呀！

4.4 逗号

4.4.1 逗号的形式为"，"。

4.4.2 句子内部主语与谓语之间如需停顿，用逗号。

例如：我们看得见的星星，绝大多数是恒星。

4.4.3 句子内部动词与宾语之间如需停顿，用逗号。

例如：应该看到，科学需要一个人贡献出毕生的精力。

4.4.4 句子内部状语后边如需停顿,用逗号。例如:对于这个城市,他并不陌生。

4.4.5 复句内各分句之间的停顿,除了有时要用分号外,都要用逗号。

例如:据说苏州园林有一百多处,我到过的不过十多处。

4.5 顿号

4.5.1 顿号的形式为"、"。

4.5.2 句子内部并列词语之间的停顿,用顿号。

例如:a)亚马逊河、尼罗河、密西西比河和长江是世界四大河流。

b)正方形是四边相等、四角均为直角的四边形。

4.6 分号

4.6.1 分号的形式为";"。

4.6.2 复句内部并列分句之间的停顿,用分号。

例如:a)语言,人们用来抒情达意;文字,人们用来记言记事。

b)在长江上游,瞿塘峡像一道闸门,峡口险阻;巫峡像一条
迂回曲折的画廊,每一曲,每一折,都像一幅绝好的风景画,
神奇而秀美;西陵峡水势险恶,处处是急流,处处是险滩。

4.6.3 非并列关系(如转折关系、因果关系等)的多重复句,第一层的前后两部分之间,也用分号。

4.6.4 分行列举的各项之间,也可以用分号。

例如:中华人民共和国的行政区域划分如下:

(一)全国分为省、自治区、直辖市;

(二)省、自治区分为自治州、县、自治县、市;

(三)县、自治县分为乡、民族乡、镇。

4.7 冒号

4.7.1 冒号的形式为":"。

4.7.2 用在称呼语后边,表示提起下文。

例如：同志们，朋友们：现在开会了。……

4.7.3　用在"说、想、是、证明、宣布、指出、透露、例如、如下"等词语后边，表示提起下文。

例如：他十分惊讶地说："啊，原来是你！"

4.7.4　用在总说性话语的后边，表示引起下文的分说。

例如：北京紫禁城有四座城门：午门、神武门、东华门和西华门。

4.7.5　用在需要解释的词语后边，表示引出解释或说明。

例如：外文图书展销会

日期：10 月 20 日至 11 月 10 日

时间：上午 8 时至下午 4 时

地点：北京朝阳区工体东路 16 号

4.7.6　总括性话语的前边，也可以用冒号，以总结上文。

例如：张华考上了北京大学，在化学系学习；李萍进了中等技术学校，读机械制造专业；我在百货公司当售货员：我们都有光明的前途。

4.8　引号

4.8.1　引号的形式为双引号""""和单引号"''"。

4.8.2　行文中直接引用的话，用引号标示。

例如：a）爱因斯坦说："想像力比知识更重要，因为知识是有限的，而想像力概括着世界上的一切，推动着进步，并且是知识进化的源泉。"

b）"满招损，谦受益"这句格言，流传到今天至少有两千年了。

4.8.3　需要着重论述的对象，用引号标示。

例如：古人对于写文章有个基本要求，叫做"有物有序"。"有物"就是要有内容，"有序"就是要有条理。

4.8.4　具有特殊含义的词语，也用引号标示。

例如：从山脚向上望，只见火把排成许多"之"字形，一直连到天上，跟星光接起来，分不出是火把还是星星。

4.8.5 引号里面还要用引号时，外面一层用双引号，里面一层用单引号。

例如：他站起来问："老师，'有条不紊'的'紊'是什么意思？"

4.9 括号

4.9.1 括号常用的形式是圆括号"（ ）"。此外还有方括号"[ ]"、六角括号"〔 〕"和方头括号"【 】"。

4.9.2 行文中注释性的文字，用括号标明。注释句子里某些词语的，括号紧贴在被注释词语之后；注释整个句子的，括号放在句末标点之后。

例如：a）中国猿人（全名为"中国猿人北京种"，或简称"北京人"）在我国的发现，是对古人类学的一个重大贡献。

b）写研究性文章跟文学创作不同，不能摊开稿纸搞"即兴"。（其实文学创作也要有素养才能有"即兴"。）

4.10 破折号

4.10.1 破折号的形式为"——"。

4.10.2 行文中解释说明的语句，用破折号标明。

例如：a）迈进金黄色的大门，穿过宽阔的风门厅和衣帽厅，就到了大会堂建的枢纽部分——中央大厅。

b）为了全国人民——当然包括自己在内——的幸福，我们每一个人都要兢兢业业，努力工作。

4.10.3 话题突然转变，用破折号标明。

例如："今天好热啊！——你什么时候去上海？"张强对刚刚进门的小王说。

4.10.4 声音延长，象声词后用破折号。

例如："呜——"火车开动了。

4.10.5 事项列举分承，各项之前用破折号。

例如：根据研究对象的不同，环境物理学分为以下五个分支学科：

——环境声学；

——环境光学；

——环境热学；

——环境电磁学；

——环境空气动力学；

4.11 省略号

4.11.1 省略号的形式为"……"，六个小圆点，占两个字的位置。如果是整段文章或诗行的省略，可以使用十二个小圆点来表示。

4.11.2 引文的省略，用省略号标明。

例如：她轻轻地哼起了《摇篮曲》："月儿明，风儿静，树叶儿遮窗啊……"

4.11.3 列举的省略，用省略号标明。

例如：在广州的花市上，牡丹、吊钟、水仙、梅花、菊花、山茶、墨兰……春秋冬三季的鲜花都挤在一起啦！

4.11.4 说话断断续续，可以用省略号标示。

例如："我……对不起……大家，我……没有……完成……任务。"

4.12 着重号（略）

4.13 连接号（略）

4.14 M间隔号（略）

4.15 书名号

4.15.1 书名号的形式为双书名号"《 》"和单书名号"〈 〉"。

4.15.2 M书名、篇名、报纸名、刊物名等，用书名号标示。

4.15.3 书名号里边还要用书名号时，外面一层用双书名号，里边一层用单书名号。

例如：《〈中国工人〉发刊词》发表于 1940 年 2 月 7 日。

4.16 专名号（略）

5. 标点符号的位置

5.1 句号、问号、叹号、逗号、顿号、分号和冒号一般占一个字的位置，居左偏下，不出现在一行之首。

5.2 引号、括号、书名号的前一半不出现在一行之末，后一半不出现在一行之首。

5.3 破折号和省略号都占两个字的位置，中间不能断开。连接号和间隔号一般占一个字的位置。这四种符号上下居中。

5.4 着重号、专名号和浪线式书名号标在字的下边，可以随字移行。